JN312993

ブータンが教えてくれたこと

かわしまよう子

アノニマ・スタジオ

道路が終わると荷物を担いで歩き、チモン村に向かった。途中、ゆで卵やバナナ、お酒など、村びとたちが用意した“おもてなし”をたっぷりといただく。お腹がパンパンになっても、丁寧に盛られた食べものを差し出されると断れない。チモン村でつくられた食べものは、握りしめると生きものらしい躍動感があった。

桃色のソバ畑、マニ車に飾られた小さな花……。チモン村は優しい色に包まれていた。動物たちはのんびりと草を食んでいる。天高く掲げられた祈祷旗やマニ車は、子どもたちの遊び場でもあり日常の風景にとけ込んでいる。自然と共存し、祈りを込めひとの手でつくられた空間は、ひとりきりで歩いていても、ちっとも寂しく感じなかった。

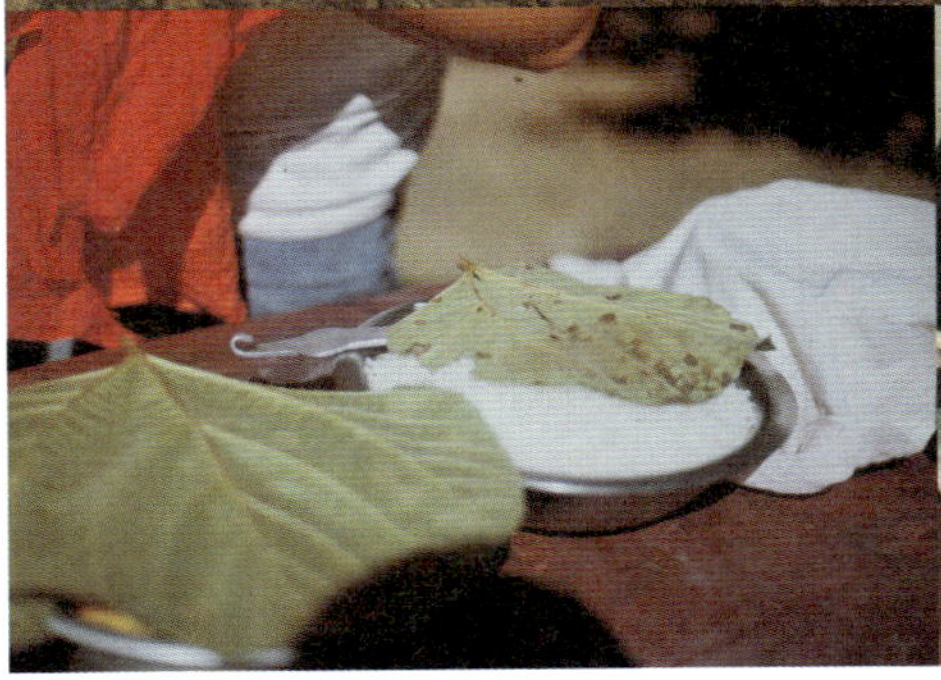

チモン村のお昼ごはん。大根、小豆、じゃがいも、トウモロコシ……、村で育てた限られた種類の野菜を使って、たくさんのおかずを村びとがつくってくれた。一風変わった太麺が、ブータンのソバ料理。スープは深みのある味で野菜がたっぷり入っている。フタのない大きな器に、代わりに丸い葉がのせてある暮らしぶりに感動する。

村の女性は昼間、機を織っている。外で気持ちよさそうに作業をしているのは、いまはまだ村に電気が通らず、家のなかは暗いからだろう。耳の聞こえない女性は、何の図面も見ずに、黒地の布を織りながら黄色の糸で刺繍を施していた。チモン村では体に障がいのあるひとも、イキイキと働きながら暮らしている。

小学校を訪ねて、歌を歌ったり、折り紙で“鶴”を折ったりした。民族衣装のゴやキラを着た子どもたちはシャイで、笑うときに口もとを手でかくす女の子もいる。学校に掲げてあった標語で印象に残ったのは「大きな志よりも、小さな行動を大切にしよう」という言葉。子どもたちにどんなときが幸せかと聞いてみると、答えは何気ない日常のなかにあった。

チモン村の夜は暗い。家のなかも真っ暗だ。泊まった民家の主は、部屋にランタンとキャンドルを置いてくれた。小学1年生の息子は、カメラをかまえるとそっぽを向いたが、お父さんが「カメラのほうを見なさい」と言ってくれたのだろう、照れながらキャンドルを持ってゆっくり振り向いてくれた。

タシガンのツェチュ祭。隅っこで舞踏を拝観していると、地元のブータン人がよく見える席をゆずってくれた。隣に座った女性が「今度、ブータンへ来たらうちに泊まってください」と言って住所を書いた紙をくれた。ゾンという建物の階段は、手すりにつかまらないと転げ落ちそうなほど急だ。すべての場所が、音と踊りと見物人で溢れかえっている。

小径を歩いていると、村の送電線が立っていた。家のなかにもスイッチだけはつけられていて、チモン村に電気が通るのはもう間もなくのようだ。

幸せでいることも、幸せだけど
幸せに近づいていくことも、幸せ

目次

22 ブータンの理由

33 ブータンへ行く、その前に

40 いざ、ブータンへ

43 ブータン入国

53 ブータン2日目

57 チモン村への道

81 チモン村の景色

87 チモン村の幸せ

99 チモン村の夜明け

105 オーガニック・コットン

133 チモン村、最後の夜

140 チモン村を出発

144 旅はつづく　あとがきにかえて

150 ペマさんの幸せ
―ペマさんの言葉より―

中国
ネパール
ブータン
ミャンマー
インド
タイ
バングラデシュ

in Japan

ブータンの理由

「村に電気を通すために、生きものたちが棲む森の木を切らなくちゃいけない。そんなときに、〝だったら、電気を通すのをやめよう〟という選択をする国があるんだって」

わたしがブータンという国を初めて知ったのは、友人からこんなエピソードを聞いたときだった。

日本で自然の立場を応援するようなことを言葉にすると、大変な思いをすることがある。ただのロマンチスト扱いされたり、毛嫌いされたり。ときには「本当は何をたくらんでいる？」なんて、深読みをされてしまうこともあるくらいだ。

ところが、友人を通して知るブータンという国は、まるで、絵本の世界のようだった。名もない花や小さな虫、動物たちを思いやるだけでなく、前世や龍といった目に見えない存在とも、普通にこころを通わせながら暮らしている。

農業で生計を立てていたあるブータン人は、たくさんの作物をつくると農薬などで虫を殺してしまうことに胸を痛め、自分たちが食べるぶんだけの作物をつくるようになったのだとか。

またあるときは、ブータン人は、パートナーとなるべき運命のひとと出会ったら、その瞬間にわかるらしいという話も聞いた。普段からこころを開いていると、魂の声が聞こえるようになり、初めて会った相手のはずなのに「やっと会えたね」という気持ちになるのだとか。

そんな話が本当かどうかはわからないけれど、ブータンという国のエピソードを聞くたびに、わたしもブータンに行ってみたくなった。ブータンにはきっと、こころ温かいひとがたくさん暮らしているんだろう。

ブータンへの思いが募るなか、そのピークを迎えるときがやってくる。

２０１１年の秋、第５代ブータン国王、ジグミ・ケサル・ナムゲル・ワンチュク陛下が来日されたときのことだ。

同年３月11日に起きた東日本大震災と、それにともなう福島第一原子力発電所の事故の影響で、たくさんの人びとが避難していた。そんななか、ブータン国王は、結婚されたばかりの若い王妃と被災地に足を運ばれ、その土地に暮らす人びとへ、震災で亡くなられた方がたへ、傷ついた自然へ、こころからの祈りを捧げてくださった。

そのときの陛下のお言葉や、歩かれるおふたりの謙虚な姿勢や微笑みをテレビの画面越しに見て、わたしは感動のあまりひっくり返りそうになった。

そして、日本が好きで、日本人に生まれてきたことをずっと誇りに思っていたはずだったのに、こう思ったのだ。


なんて、素晴らしい国だろう！

こんな国があるなんて信じられない！

ああ、神様、わたしはブータン人に生まれたかった！


いつか旅をしたいと思っている国は、ハワイ、オーストラリア、ペルー、モルディブ。沖縄に住まいを移してからは、前ほど強い旅願望はなくなってきたが、地球をビリビリ全身で感じるような大自然や、ブータンのような、自然によりそいながら暮らしている人びとに会いに行きたい、という思いがある。

旅の夢は、ゆっくりと温めて、ベストなタイミングが来るのを待って飛び立つのがいい。だから、何かのご縁ができたときにいつか……くらいの気持ちでいるのだけど、昨今の生態系のバランスの乱れや近代化のスピードを見ていると、そんな悠長なことは言っていられない気持ちになる。のんびりとかまえていては、行きたいところはどんどん変化して、消えてしまう可能性だってあるからだ。

世界遺産になった屋久島のことを思うとき、わたしのこころは悲しい気持ちになってしまう。２００２年から度々訪れているのだけど、森のなかをひとりで歩きながら、涙を拭うことがしばしばあった。

新しい手すりつきの階段ができたり、大きな木の横に、木の名前が不自然に大きく書かれた看板が立てられていたり。森は、ひとの手によって何かしら変化していた。その変化のなかには、森を守り、安全にたのしむためにつくられたものとは、どうしても思えないような光景もいくつかあった。

白谷《しらたに》雲水峡というところには、〝もののけの森〟と呼ばれる美しい森がある。その森のなかに、誰でも簡単に森の奥まで行けるようにと、１メートルほどの高さのある巨大な木の根が、ブッスリと切りとられているところがある。

きれいな水が流れる花之江河《はなのえご》というところの山小屋の近くに、根もとが空洞になった１本の杉が立っている。その空洞に、汚いものがたまっているのをたまたま見つけて掃除をしていたら、その木はトイレの汚物をこっそり捨てている場所だった、ということを後から知らされたことがある。

樹齢7200年とも言われる縄文杉の前には、撮影台が用意されている。人間の時計でははかりしれない時間のなか、縄文杉のまわりに自生し、湿度を与えあっていたほかの杉たちは、名前を与えられた縄文杉の存在を圧倒的な迫力で見せるために伐採されている。不自然にぽっかりと広がった空間から降りそそぐ太陽の光は、老いた縄文杉には、どれほど眩しく感じられているだろう。数年前、乾ききった枝がとうとう折れてしまった。その枝は「命の枝」と名づけられ、縄文杉を守るために募金が集められたそうだ。

お金や知名度、好奇心に駆られるまま、自然を尊ぶ気持ちを忘れた手で扱われた森からは、自然が本来持っているイキイキとした気や神聖さは消えていく。自然の力とひとの手の力のバランスは、さじ加減が難しいのかなぁ。

屋久島の森を歩いて気づかせてもらったのは、自然を自然のままダイレクトに感じたいのなら、その場所へ少しでも早く訪れるほうがいいということだった。

けれども、そうして少しでも早く旅立ちたいと思うようになった一方で、「自然を感じたい」という個人的な欲のためだけなら、わざわざ出かけていかなくてもいいんじゃないかな、と思うようになる。どんどん少なくなりつつある、あるがままの自然の姿を思うと、自然のままの場所は、そのままそっと静かにさせておくのが一番いいとも思うからだ。

世界は広い。行けるなら行ってみたい。そう思えるようなところは、知れば知るほどキリがないくらいたくさんあるんだろう。けれど、人間の手の入った自然の様子を見ていると、行きたいけれど行かないほうがいいような、何とも複雑な気持ちになるところは多いのだった。

そんなふうな思いが堂々巡りするなか、ブータンに限っては、旅立ちのタイミングを焦らずに待ちたい、という気持ちにさせてくれた。

１９７９年、ブータン第４代国王、ジグミ・シンゲ・ワンチュク陛下は、世界の多くの国が経済に意識を傾けているなか、ＧＮＰ（国民総生産）よりＧＮＨ（国民総幸福量）が大切だという考えを語った。

国民ひとりひとりが本当に幸せであれば、こころにゆとりが生まれ、まわりのひとを思いやることができるんじゃないかな。生きものの命の大切さを知っていれば、まわりのひとを思いやるように、名もないような花や小さな虫、動物にまで、思いやりを持って接することができるんじゃないかな。

国土の72％を占める森林の60％は、維持していくことを憲法でうたっている。そんなブータンだったら、20年後に訪れても驚くほど変化することはないだろう。居心地のよさを求めて、自然のあるがままの姿を求めてブータンへ行きたい。この思いは、ゆっくりと温めていても大丈夫だろう。

ところが……。

そう思っていたのもつかの間、最近のブータンはどうも変わりつつあるような噂を、これもまた友人を通して耳にするようになってきた。人数制限をしていた外国人観光客の受け入れが解かれ、年間3万人を超えるくらいになったことで、流れが変わりはじめたようなのだ。

旅行者が落としたお金は国内を巡り、現金収入が増えたブータン人は、欲しいものを手でつくることをやめて、買うようになる。そうするうちに、テレビやインターネットが普及しはじめ、新しい情報や流行を求めるひとたちも増えているとか。

テレビが普及するようになると、コミュニティを大切にしていた彼らの暮らしぶりは、一転する。家族や地域のみんなで輪をつくる機会は減り、西部にある首都ティンプー周辺では、うつ病に悩むひとまで増えているというではないか。「この国に貧しいひとはいるかい？」と聞かれて誰もが首を傾げていたのが、「ああ、あそこにいるよ」という答えが返ってくるような社会へ。核家族やひとり暮らしをするひとも増えて、幸せの基準も、物質的なものへと変わりはじめているらしいのだ。

こころのデリケートな部分がジーンと温まるエピソードを聞いていただけに、近代化の波が押しよせているような話を聞くと、まさか……と思う。ブータンへは、いつかタイミングが来たら旅立ちたいと思っていたけれど、これではさすがに焦ってしまう。

と同時に、よくよく考えると、わたしはお金を持つと欲しいものが増えてしまうような人間だから、物質的な欲の影を落とすことになるなら行かないほうがいいかもしれない、とも思いはじめる。お金は暮らしを豊かにするけれど、そのぶん大切なものを失っているように感じることが、日本に暮らしているとあるからだ。

ブータン人がそんなふうになったら……と思うと、行きたい気持ちに歯どめがかかった。行きたいけれど、行きたくない。ブータンへの旅はこのふたつの思いに揺らされて、風に運ばれる木の葉のようにくるくる回りながらどこかに消えた。

そんなこんなだったのに、「ああ、やっぱり、どうしても」と思う機会が巡ってきた。

２０１２年の10月、恋する乙女のように憧れていたブータンへ、「１００万人のキャンドルナイト」がご縁で、旅立ちを決めるときがやってきたのだ。

「１００万人のキャンドルナイト」とは、毎年夏至と冬至の日に行われる、電気を消してキャンドルから平和の輪を広げていこうとするイベントのこと。わたしはイベントの呼びかけ人のひとりとして、電気を消して過ごす素晴らしさを文章で発信することがある。

「100万人のキャンドルナイト」のスタッフが、環境を考えながら活動をしている呼びかけ人を数名とりあげ、ドキュメンタリー映画を製作することになった。わたしもその映画に登場することになり、伊藤菜衣子監督が沖縄に来て、草と向き合うわたしの日常を撮影してくれた。

その撮影のさなか、台風が過ぎ去ったばかりの静かな海を眺めているときだった。伊藤監督が「来月、ブータンに行くんだよ」と言うではないか。わたしは思わず「一緒に行きたい！」と口走った。ブータンと聞いて、抑えていた旅への思いが一気にこみあげてきたのだ。

けれども、ブータンに滞在した場合、季節や人数によって異なるが、1日200〜290ドルの公定料金を支払わなければならない。飛行機代も高額だ。

じつを言うと震災後、自分の気持ちが行方不明になっていて、これからどうやって暮らしていこうか思い悩んでいた。それゆえ、しばらくの間、仕事らしい仕事はしておらず、先立つものを考えると、ブータンに行くことはいまは無理な状況だった。

ところが、「行きたい！」と言い放った瞬間、空を覆っていた雲に隙間ができて、木の下に腰掛けていたわたしの手もとに木漏れ日が落ちてきた。光の温もりを肌で感じると、何の根拠がなくても「大丈夫」と思えてくるから不思議だ。

いろいろ考えると諦めそうになるけれど、キラキラと光るきれいな木漏れ日に勇気づけられたような気持ちになり、「行くなら、いま行こう」と決心した。できない、無理……日常生活のなかでそう割り切ってしまうことって、結構ある。けれど、そのほとんどは、本当に無理なことではなく、何かしらの理由をつけて、自分で自分に無理だと言い聞かせているだけのことが、案外多い。

先立つものは、何とかしようと思ったら、きっと何とかできるもの。「やりたいと本気で思ってできないことはない」というのがわたしの信条。ならばここで、自分のこころの声を大事にしようと思った。

１００パーセント、本気で！

そうして迷いや心配する気持ちを手放したわたしは、めでたく伊藤監督の旅に便乗するかたちで、夢にまで見たブータンへ旅をすることになった。彼女が参加する今回の旅は、文化人類学者の辻信一さんが案内する７泊９日のブータンツアーだ。

辻さんは、スローやGNHのコンセプトを軸に、数々の著書を出されながら、地球に優しい環境運動や文化運動を進めている方。森林保全や低エネルギーのライフスタイルの提案などを発信する市民団体「ナマケモノ倶楽部」の世話人であり、「１００万人のキャンドルナイト」の呼びかけ人代表もつとめている。

そんな辻さんに導かれながら、わたしや伊藤監督を含む13人の日本人が、自然や文化、人びとに触れながら、お金では買うことのできない豊かさをブータンに学びに行こうという。これは、たのしくなりそうだ。

GNH＝Gross National Happiness

右肩あがりの経済発展よりも、国民ひとりひとりの幸せが大切にされている国って、いったいどんな国なんだろう。

ブータンへ行く、その前に

ブータンへ行くその前に、ブータンにこころ惹かれるようになった理由を、もうひとつ聞いてもらいたい。それは、わたしの草への思いと繋がっている。

さかのぼること三十数年前、梅雨前線が日本列島を覆うまっただなかに、わたしは生まれた。記憶にはほとんど残っていないのだけど、その2年後、産みの母親とは別れることになり、祖母のところでしばらく暮らしたあと、父の再婚で継母と妹の家族が増えた。

両親は共働きで、父にしても、母にしても、日々の忙しさをはじめいろいろなものを抱えながら、毎日を過ごしていたのだと思う。子どもながらに感じたその〝いろいろ〟が、わたしを雑草とも呼ばれる草の世界へ降り立たせてくれた。寂しい気持ちやつらく感じることを、草が温めてくれることがあったのだ。

道ばたのあちらこちらに生えている草は、季節が変わるごとに、いろんな色の花が咲いてきれいだった。花の美しさを見ながら歩いていると、いつしか、草のたくさましさにも惹かれるようになっていった。

そうやって草の世界に入り込んでいくと、下ばかり見て歩くようになり、すると、その脇に落ちているゴミが気になりはじめる。大好きな草の横に捨てられた汚いゴミを見つけると、悲しい気持ちになった。頬を膨らまして、プンプン怒ることもあったくらいだ。

大人になったあるとき、家のゴミ箱に捨てたゴミの行方が気にかかり、ゴミ収集車を追いかけて、ゴミの集積所まで行ったことがあった。そこで、燃やしたゴミの灰や、燃やせなかったものは砕けるだけ砕いて、海や山あいに埋められているという現実を知る。

……ショックだった。ゴミを埋められて、海岸線がなくなっている海も少なくないという。これじゃ、部屋のゴミ箱にゴミを捨てることと、道ばたに捨てることは、そんなに変わりはないじゃないか、と思った。

それから、できるだけ、ゴミを少なくする暮らしをこころがけるようになる。これ以上、海や森を汚したくないからだ。

そもそも、机や食器、自転車、パソコンといった機械も、目の前にあるモノはすべて、大本をたどると自然から生み出されたものでつくられている。つまり、すべてのモノは、自然そのものなのだ。

そのことに気がつくと、モノをゴミに変えたくないという気持ちがますます強くなった。すると、時流は〝断捨離〟だというのに、部屋の押し入れはいつも満員御礼状態。貧乏性と言えばまったくそうなんだけれど、ゴミ箱に捨てる瞬間、モノが可哀想に思えてしかたなくって。

草を好きになり、草に幼いこころを支えてもらったことで、森も海も川も、生きているものを自分のことのように大切に思う気持ちが芽生えていった。自然そのものが、大好きになった。

自然に思いを馳せると、自然の声が何となくだけど、耳に届くように感じられることがある。おかげで、蝿やゴキブリといった、みんなから嫌われている生きものでもわたしには殺せない。

命の大切さは、見てくれはもちろん、体の大きさや数の多さとはまったく関係ないんじゃないかな。衛生的に問題があっても、少々であるなら目をつぶりたい。毒を持っているとか、危険な生きものでない限り、できることなら命は奪いたくないと思うのだ。

そんなふうな気持ちでいると、アスファルトの存在が窮屈に感じられてしまうときがある。よおく考えてみると、命を育み循環させる大地にフタをするって、とんでもないことではないかしら？　フタをされた大地の上で、人間が本来持っている力を失わずに生きつづけることはできるのだろうか、と考えてしまう。だいいち、土のなかで暮らす生きものたちのことを思ったら、胸がきゅうっと、苦しくなる。

草を好きになったことで、ゴミの存在が気になるようになり、ゴミの存在から、モノや生きものの命のことを思うようになった。いまでこそ、社会の荒波もだいぶかわせるようになったつもりだけど、生きものを踏んづけたらどうしよう、なんて気を揉んで、草むらが歩けなくなることもあるくらいだ。

そんなわたしを見て、神経質だとか、弱いなぁと呆れるひともいるし、自分でも「もしかして、わたしへんなひと？」と首を傾げたくなることもある。

だから、ブータンでの自然を思いやるエピソードを聞いたとき、心底、ホッとした。小さな生きものにまで思いを馳せてもいいんだ、これだって普通なんだと思えたら、こころのなかで抑えつけていた真綿色の何かが、パッと膨らんだような気持ちになった。

ブータンへの思いは、草が育み繋げてくれたもの。ブータンへ行って、いつの間にか慣れてしまった、人間優先の価値観から少し解放されたくなった。

そして、こんなふうにも思った。

ブータンへ行けば、震災後、行方不明になったわたしのこころと、電気の問題が浮き彫りになったわたしたちの暮らしかたに、とってもいいヒントを教えてもらえるんじゃないかしら。

中国
プナカ
ジャカル
首都　ティンプー
モンガル
チョモラリ
パロ
ポプジカ
タシガン
サムドゥプ・ジョンカ
トンサ
ペマガツェル
チモン
バングラデシュ
インド

in Bhutan

いざ、ブータンへ

ブータンは、インドと中国の間にある人口約70万人の小さな国。ヒマラヤ山脈の東端にある。南北に細長い日本には北海道と沖縄があって、同じ国でも温度差や環境などの違いがあるように、ブータンもやはり、そう。

といっても、この国は、九州とほぼ同じ小さな面積ながら、インドに面する南部は低いところで海抜約100メートル、中国に面する北部は7000メートル級の山々と、驚くほどの違いがある。

100メートルの標高差で気温は約0・6度変わる。そのため、この国には、インド国境付近に広がる亜熱帯気候と、1200〜3000メートルにまたがる温帯気候、夏でも雪が降る4000メートル以上の高山気候がある。

標高ごとに広がる、それぞれの気候が生み出した多様な自然。高い山といえば、富士山を見あげたことくらいしかないわたしには未知の世界だが、壮大な自然と、その自然のなかで暮らす人びとを丸ごと包み込んでいる。それが、ブータン王国だ。

そんな、ブータンへの初めての旅。お見合い写真を見て、恋に落ちた乙女のように憧れてきたブータンへは、インドから陸路で国境を越え入国することになった。

天高く馬肥ゆる秋、11月。さっぱりと乾いた風に背中を押されながら、那覇空港から福岡空港を経由して、乾期にしては珍しくどしゃぶりの雨のバンコクで1泊。翌朝、まだ陽の昇らないうちに起き出して、1時間半ほどの短いフライトで降り立ったのは、インドの東にある国際空港、グワハティ空港。

インドは、初めて訪れる国だった。

タラップを降りると、南国特有のムワンとした生暖かい空気に包まれた。近代化が進み、なかなか味わえなくなりつつある埃っぽい感触に、懐かしい気持ちがこみあげる。

首に巻いていたマフラーをほどき、ジャケットを脱いだ。薄い長袖シャツ1枚になって、インドへの入国審査を受けるための列に並んだ。

空港のゲートで、今回のブータンツアーの案内役をつとめてくれる方と合流する。ブータン生まれブータン育ちの、生粋のブータン人。名前は、ペマさん。

日に焼けた肌にくしゃりとシワを寄せ、満面の笑みを浮かべるペマさんと、親指とひと差し指のつけ根をグッと食い込ませながら「はじめまして」の握手をかわす。そっと目を合わせると、微笑む瞳のなかに、きらりと輝く光を見つけて嬉しくなった。さすがブータン！　小さなことは気にしなそうなおおらかさと、正義感たっぷりな雰囲気が漂っている。

ペマさんは、辻さんと数年前に知り合って以来、辻さんのブータンツアーをずっと案内されているそうだ。ペマさんが言うには、何やら、辻さんとは前世で兄弟だったらしい。

わたしたちは4台のジープに乗り込んで、元気よく空港を出発した。北上して、ブータンとの国境を目指す。

インドと言えば、艶やかなサリーをまとった女性の姿が見られるものかと期待していたのだが、車窓から見えるのは、首輪のない中型犬と、眉毛の濃い黒ひげの男性ばかり。2車線の大きな道路をジープは右に左に揺れながら、前の車を追い越していく。

踏み切りを越え、湖のように大きなブラマプトラという川を渡る前は、大渋滞に巻き込まれた。反対車線に並んでいる車を見ると、退屈そうな顔をしたインド人が、どの車も定員オーバーでぎゅうぎゅうに乗り込んでいる。

小さな商店が建ち並ぶ雑踏を通り抜けると渋滞はなくなり、気持ちのいい草原の風景になった。しばらく進むと、緑色の葉がこんもりと茂った低木が広がりはじめる。それは、紅茶の木だった。きれいに刈りそろえられた紅茶畑に見とれていたら、あっという間に国境に到着。3時間ほどのドライブは、夢のなかに潜り込んでいたような時間だった。

ブータン入国

いよいよ、ブータンへの初入国。車から降りて、門に向かって歩きはじめる。島国で暮らしていると、国境というラインに対する意識は薄くなっているのだろう。陸路での国境越えは初めての体験で、胸の高鳴りを期待していたけれど、そんなドラマティックなものではなかった。パスポートを手にボディチェックを受けつつも、〝つい、うっかり〟という感じでその門をくぐる。

国境のあるサムドゥブ・ジョンカの町は、市場のような賑わいで、買いものに出かけているような気分になっていたかもしれない。門をくぐり抜けてから、インドから見た国境をカメラにおさめなかったことを後悔して、後戻りを試みてしまった。けれど、県境と違って、そう簡単に戻ることができないのが国境だ。「まぁ、いっか」と気をとりなおし、ブータンから見たインドとの国境を撮ろうと、門の正面に立ってカメラをかまえた。ところが、シャッターボタンを押したら最後、視界は真っ暗となる。閉じたシャッターが、突然、もとの状態に戻らなくなってしまった。

ベテランのカメラマン、伊藤監督に見てもらっても、カメラの窓は固く閉じたまま動かない。古い一眼レフのカメラだから、とうとう寿命を迎えたのだろうか。

もともと、旅や散歩をするときは、写真は撮らないほうだった。荷物が重たくなると、五感は荷物に向かいやすくなるから、こころを動かしたいときほど、カメラ自体を持ち歩かない。けれども、今回は、ブータンの旅を本にまとめたい思いもあって、重たい荷物を我慢して三脚まで持ってきていた。それなのに、1枚も写さないうちに壊れてしまうとは。

意気消沈したまま、昼食をとるために国境付近にあるホテルのレストランに入る。ここで、初のブータン料理をいただいた。

このとき、ほかのことに気をとられながら何かをすることが、どれだけよくないことかよおくわかった。カメラがなおってくれないかと気を揉んでいたせいで、シチューのような食べものに入ったみどり色の唐辛子を、丸ごと口に入れて火を噴きそうになった。あまりの辛さに舌はヒリヒリ。そして、ここではそのこと以外の記憶が、ほとんど残っていないのである。

こころここにあらずのまま昼食をすませたあと、大型バスに乗り換えて、ブータンをさらに北上する。カメラのことはまだ諦めがつかないけれど、「こうなったら、窓に映る景色を全部目に焼きつけよう！」と、一番前の席に陣どった。

ここは、7000メートルもあるヒマラヤ山脈のつけ根。ブータンで、最も標高が低い。

エンジン全開、アクセルは常に踏みっぱなし。登る、登る、登る、とにかく登る。

沖縄を飛び立って、36時間が過ぎた。ここからが、さらに長い車の旅のはじまりだった。

日本には、ハードワーカーの多い東京のような都市もあれば、沖縄のようにわりとゆったりと暮らせるところもある。沖縄本島にも、住宅の密集したところもあれば、貴重な動植物が生息する、自然豊かな〝やんばる〟と呼ばれる森もある。日本にもいろいろあって、沖縄にもいろいろある。

ブータンにも同じようにいろんなところがあり、そのなかで今回目指すのは、近代化の波が押しよせつつある首都ティンプーとは反対側のブータン東部。いまだに道路も電気も通っていない、チモン村を目指す。この村は、まったく観光化されていないため、訪れる外国人は数えるほど、と辻さんが教えてくれた。

そんなチモン村に今回ご縁をつくることができたのは、何度もブータンを訪ねている、辻さんの特別な計らいがあってこそだった。案内役、ペマさんの故郷でもある。

ところが、チモン村は、政府の「すべての村に道路を通す」という政策のもと、電気とあわせてふたつの文明が入る寸前のところにあるそうだ。

村までの道のりは、自然のままの雄大な風景を眺められるものとばかり思っていたが、まさか、という現実を目の当たりにしながら向かうことになる。意気揚々とバスは走りはじめたものの、舗装道路はほどなくして終わり、それからはずっと、ゆらゆら揺られっぱなしのガタガタ道がつづいた。このガタガタ道は、道路工事がくり広げられている現場で、要所要所で、インド人らしき人びとが、布を広げて砂を運んだり、石で石を砕いたり、何かを燃やしたりと、手作業で道をつくっている。ここでは男性も女性も、それぞれの持ち場で作業していて、その傍らで無邪気に遊ぶ子どもたちの姿もあった。

道路工事の現場を通り過ぎるとき、辻さんがこんなことを言った。

「チモン村は、自給自足で暮らしている村です。その村にいま、道路と電気がいっぺんに繋がろうとしています。これが、どういうことを意味するのか、よおく考えてほしい。道路が繋がり電気が通ると、村はその恩恵をうまく利用して発展するか、現金収入を求める者が村を離れ、過疎化に向かうか、どちらかに動きはじめるのです」

道路と電気は、世界中のあらゆるところの暮らしぶりを変えてきた。何の変化も求めなくても、いままで通りに暮らすことは難しくなるというのだ。こんな山奥の小さな村ですら、勝つか負けるかの二極化をせまられることを知ると、ガタガタ道にただ揺られていることに、やりきれない思いがした。

電気と道路の工事がつづく。土砂崩れを防ぐ鉄網はあるが、削りたての道にヒヤリとする。

ブータンの道路事情は、長い間、東西を繋ぐ1本の国道のみだった。おかげで、車の通行が可能な道路まで、徒歩で2、3日かかる村も少なくない。

山岳地帯に交通網がなければ、輸送のコストは著しく高くなるため、産業による現金収入は見込めず貧困化を招いてしまう。また、近代化にともない若者が都市部に集まると、村の高齢化がすすみ、労働力不足が深刻になる。

ブータン政府は、やみくもに道路工事をすすめているわけではない。過酷な環境のなかで国として自立し、それらの問題を解決するためだった。が、そうしたことを知っても、やはり山が削られていく様子は痛々しい。谷を越えた向こう側の山には、新しくできた道路から谷底に向かって土砂が流れ落ちているところがいくつもある。この白く浮かびあがった砂の流れが、わたしにはまるで、山が涙を流しているように見えた。

バスが急に止まって何ごとかと思ったら、なんとこれからダイナマイトで岩を爆破するところだという。爆破音が短く響き、砕け散った岩を駆け足で拾いあげていくインド人。ヒマラヤという巨大な山を前にして手作業で進める道路工事は、どれほど強い覚悟のいる過酷な作業であるか、岩肌の荒々しい様子からもうかがえた。

バスに揺られて30分もすると、標高7000メートル級の山があるヒマラヤらしい風景になった。山は谷を包むようにそびえ立ち、幾層にも重なり、絶景をつくっていた。険しい山々を想像していたけれど、それは違った。山の稜線は女性的で、その膨らみの美しさに目を奪われた。

山の上に広がる空は、晴天。一点の濁りもない、完璧な青い世界が広がっている。

そんななか、大型トラックとすれ違うたびに、削られたばかりの砂はもうもうと吹きあがり、前方が見えなくなることが何度もあった。そのときは、あえて茶色の砂埃を見つめてみる。この大型トラックは、ブータンにとっては主要な産業のひとつ、鉱山の開発に従事している車だそうだ。

標高が高くなると、視界に広がる木々は照葉樹林ばかりとなる。照葉樹林とは冬でも葉を落とさない、硬質な葉を持つツバキのような常緑樹からなる林のこと。日本では、屋久島や宮崎などの森で馴染みがある。

小さな葉っぱ1枚1枚にあたった太陽の光は、光の雫となって、山全体から飛び散っているようだった。

登り道の途中、道路から慌てて森のなかへ消えていく、1頭のオス鹿を見た。一瞬のことで、茶色の犬にしか見えなかったのだけど、オオカミの後ろ姿にも出会えた。

国境からいくつもの谷や峠を越えて6時間ほどの移動のすえ、ペマガツェル県に到着。

チモン村はこのペマガッツェル県内にあるが、さらにいくつかの峠を越えるため、「ここから歩いて2日でチモン村にたどりつく」という小さなホテルに宿泊する。

あたりはすでに真っ暗で、まわりがどんなところかまったくわからない。山の斜面に建っていると思われる家々の小さな灯りが、遠くにポツンポツンと点在している。

晩ごはんは、このホテルでいただくことになった。今回の旅で初めて知ったのだが、ブータン料理は、世界で一番辛い料理とも言われているそうだ。

料理はすべてバイキング形式。自分が食べたいものを、食べたいぶんだけとりわける。テーブルに並んだブータン料理を見ると、国境付近のホテルで火を噴きそうになった、唐辛子とチーズを煮込んだ〝エマ・ダツィ〟もあった。今度はしっかりと、辛いものを食べる前にリサーチする。

ごはんを食べていると、辻さんが「腹八分に食べましょう」と、旅の心得を伝授してくれた。見知らぬ土地で一日中乗りものに揺られると、胃袋だって疲れてしまう。そんななか、腹いっぱいにごはんを食べたら内臓に負担がかかり、体に不調が出やすくなるからだそうだ。

どんなにおいしくても、死にそうなほど腹が減っていても、腹八分。旅先では、満腹は避けるべし。

ごはんを食べ終えると、ペマさんの〝これだけは知っておくと便利、チモン村で使えるブータン語ミニ教室〟がはじまる。先生に扮し満面の笑みを浮かべたペマさんが、「リピートアフターミー！」と言って教えてくれた言葉は次の通り（耳慣れない発音で聞きとるのが難しく、カタカナ変換がうまくできていないところもあるかもしれないけれど）。

こんにちは＝クズザンポー
ありがとう＝カディンチェ
＊丁寧語を話すときは語尾に「ラ」をつける、クズザンポーラ、カディンチェラ
父＝アパ
母＝アマまたはアイ
幸せ＝ショーナンピュア
お湯を少しください＝リィーツァロダッスルゲ
辛い＝ショップラ
大丈夫＝ディッパ
お酒は飲めません＝ユジャモマンチャ

ブータンには、ゾンカという独自の共通語があるが、山々に囲まれて集落があるため、地域ごとにさまざまな言語があるそうだ。チモン村はシャチョップという言語を話し、先に記した「ショーナンピュア」以下はシャチョップになる。ちなみに「ショーナンピュア」をゾンカではガットトまたはセムキトントと言う。挨拶と感謝の気持ちを伝える言葉のほかに、お酒を飲まなくてもすむような言葉を何回も何回も教えてもらった。

明日の朝ごはんは、6時半。のんびりと早朝散歩をするのは夢のまた夢で、7時半にはホテルを出発するとのこと。ということで、時計はとっくに夜の11時を回っているので、ミニ教室もほどほどにして、できるだけ早く布団に潜り込む。

いまのところ、体調に問題はなし。船以外の乗りものなら、何時間乗っても平気でいられる体は頼もしかった。けれど、ここは標高2000メートルを超えている。ホテルにはもちろん暖房設備はない。風がないので思ったほど寒くはないけれど、寒さを感じるとすぐに風邪を引いてしまうので、着られるだけの服をダルマみたいに着込んで眠りについた。

ブータン2日目

ブータン2日目も、見事な晴天に恵まれた。まっすぐな日差しが日焼けしそうなほど肌をさすなか、ガタガタ道を揺られながらバスの窓を開けると、蝉の鳴き声のような音が聞こえてきた。

トラックとすれ違うときは、砂埃を避けるために窓を完全に閉めきる。ヘアピンカーブのつづく道で、バスは登り下りをくり返した。

どれだけ進んでも、目の前にそびえるのはヒマラヤの山。1本しかない道を、ノンストップで前へ前へと進んでいく。

幾重にも連なる尾根の向こうに、チョモラリが見えてきた。チョモラリは、ブータンとチベットの国境にまたがる7000メートル級の山。女神チョモの住処《すみか》と信じられている。三角に突き出た山の頂は、どんな穢《けが》れもきれいさっぱり払い清めてくれそうなほど、真っ白な雪に染まっている。

美しい自然のなかには、国と国をわけるような線は見あたらないが、いつだったか、国境線上にある山への登山は、何やら軍事上、難しいところがあると聞いたことがある。ところが、ペマさんは「神様が住まわれる山に登るとよくないことが起こる」と、遠くそびえるチョモラリを指さしながら教えてくれた。

山の間を縫うように走る川にかけられた、小さな橋をバスは渡った。ブータンは、ヒマラヤの斜面を流れ落ちる豊かな水を利用して、水力発電に力を入れている。資源に恵まれているとは言えないブータンにとって、近隣国インドに売っているこの自然エネルギーは、農林業や建設業を抜いて一番の収入源だ。ペマさんの説明では、水力発電の技術はスイスから教えてもらったものだそうで、「わたしたちの国は、ダムはつくらない」とつづける。その理由は、住民に立ち退きを強いたり、広範囲を丸ごと水に沈めてしまうダムづくりは、人びとの幸せと生態系を一気に壊してしまうとわかっているから。

ブータンがどんなときも大切にしているのは、国民総幸福量、ＧＮＨ。経済を発展させるために国民を頑張らせるのではなく、「国民の幸せを導くために経済がある」と政府は言う。

インドと中国という大国に挟まれながら、自然と文化、国民の幸せを守り、経済をバランスよく向上させようとするブータン。ヒマラヤの小国と言われているブータンだけれど、わたしはこの国の姿勢が、本当に格好いいと思う。

ブータンは、国づくりを進めるために、海外から優れた人材を招いている。そのなかには日本の団体もいくつかあり、道路工事をはじめとする近代化への協力がなされている。

ところが、日本が工事を施した土砂崩れを防ぐための鉄網を指さしながら、ペマさんは気になることを教えてくれた。自然豊かな森を自由に歩き回る動物たちが、この鉄網に足を引っかけて死んでいることがあるというのだ。動物の世界とまだずっと近いところに、人間たちの暮らしもあるブータン。人間の都合だけでものごとを決めてしまうと、ほかの生きものに悲しい思いをさせてしまうことが、まだまだたくさんあるのだ。

車窓から見える山の頂と、目線が同じくらいの高さになったところで、チモン村の青年が用意してくれたジープに乗り換えた。インドとの国境から離れて山を登れば登るほど、道路の幅は狭くなり、バスでは曲がりきれない急なカーブがつづくようになる。

道路工事は、さらに殺伐とした光景に変わっていった。切り倒された木々は崖の斜面に横たわり、ブルドーザーで土を削るために、車の進行を待たされることもしばしばあった。首を伸ばして見下ろせば、限りなく90度に近い断崖絶壁。土砂崩れを起こしているところを見ると、地盤はかなり不安定そうだ。対向車とすれ違うときは、どちらかがガードレールのない崖っぷちに追い込まれることもあった。チモン村を目指すドライブは、なかば命がけだ。

ヒマラヤの山々は圧倒的に美しいが、大自然と大工事、この両極をずっと眺めているせいか、頭が少しボーッとしてきた。初めて経験する標高の影響もありそうだけど、大の苦手な工事を目の当たりにしても平気でいられるように、脳細胞があえて〝鈍感〟にしてくれているのだろうか。

わたしたちが暮らしている地球は、大地で覆われている。その大地は、目の前に広がるヒマラヤに繋がっている。世界の屋根と呼ばれるヒマラヤの山々を眺めていると、わたしの存在は、なんて小さいんだろうと思った。

チモン村への道

砂埃をくぐり抜けながら、いくつものヘアピンカーブを曲がり、やっとジープが停まった。チモン村へは、ここから歩いて向かうらしい。

車から飛び降りて、靴紐をキュッと結びなおす。45リットルの大きなリュックを背負い、脱いだジャケットを抱え、首にはカメラをぶらさげる。カメラは、昨晩泊まったホテルでしつこくいじりつづけていたら、復活してくれた。あまりの嬉しさに、「神様はいらっしゃる！」なんて呟いてしまった。

「ようし」

日本を飛び立って3日目。思い返せば、早朝から夜更けまで、何かしらの乗りものに乗りつづけてきた。

大地の上を歩けると思うと、それだけで幸せな気持ちになった。雲ひとつない空を仰ぎながら、フーッと深呼吸。遠くばかりに合わせていた焦点が、少しずつ、足もとの小さな草にも集まってきた。

降りた車の前方には、チモン村の近隣の村びとたちが、10人ほど並んで待っていた。その前には、長いゴザが敷かれている。歓迎のおもてなしがはじまるようだ。

さっそく、ペマさん直伝のゾンカで「クズザンポーラ」（こんにちは）とご挨拶をする。勧められるままゴザの上に座り、手渡された黄色いコップに口をつけると、それはバンチャンというお酒だった。バンチャンは、穀物と麹でつくられたブータンの国民酒で、ドブロクのような味がする。

村のお姉さんが、ゆで卵やみかんも勧めてくれた。そんなにお腹はすいていないし、お酒は飲めないのだけど、断ると失礼になると思ったから、ありがたく全部いただくことにした。列の隅っこでは、邪気を払うと言われるヨモギが静かに燃やされている。うっすらと立ちのぼるその煙を見ながら、卵の殻を割り、みかんの皮をむき、ゆっくりとお酒を口にふくんだ。

数年前、沖縄のとある島で、小さな杯につがれた酒を飲みきって、カラにした杯を隣りのひとに回して酒をつぎ、飲みきったらまた隣りのひとに杯を回して酒をつぐ……という五穀豊穣の祭りに参加したことがあった。そのときの、飲んでも飲んでも杯が回ってくる経験のおかげで、神様や自然とリアルにおつき合いのある地域は、お酒の飲みっぷりがじつに豪快である、ということを身をもって知っている。

もしかすると……と内心ドキドキしていたが、ここではお酒をつがれても強要されることはなく、おもてなしはほんのご挨拶ていどに終わった。胸をなでおろしながら荷物を担ぎなおし、今度こそ出発だ。斜面に伸びる小径を、村びとの後につづいて1歩ずつ進んでいった。

酸素の量が少ないせいか、それとも荷物を抱えているせいか、歩きはじめるとすぐに息があがってくる。乾いた土の斜面を登りきり、平坦な道を歩いていると、遠くに大きな木が見えてきた。これが、ペマさんがバスのなかで言っていた、村のお寺、チモン・ラカンの境内にある木だ。

鹿児島生まれのわたしは、鹿児島空港に降り立って海に浮かぶ桜島を眺めると、「帰ってきたなぁ」と感慨深くなる。同じように、この村に住む村びとたちは、この木を見てホッとしたり、懐かしい気持ちを味わうんじゃないだろうか、と思った。

村にとって特別な木であることは、遠くから眺めてもその枝ぶりから感じとれた。どんなときも村全体を見守っているような力強い木が、いま、わたしたちをお寺へと導いてくれている。

足もとに咲いているオレンジ色のジニアが目にとまり、写真を撮っていたので、一番最後にお寺に到着した。石積みの外壁の横を通って、境内に入る。

すると目の前には、チモン村の男子諸君と見られる村びとが、ズラリと1列になって並んでいた。総勢40名くらいだろうか。境内のハシからハシまで、その列の長いこと！

先ほどの出迎えとは気合いの入りかたが違っていて、全員、彼らの正装であるゴに身を包んでいる。ゴは日本の着物によく似ていて、長い丈を膝までたくしあげて着る、ブータンの男性の民族衣装だ。

向かって左手から、ひとりひとりと目を合わせながら「クズザンポーラ」とご挨拶をしていく。外国人の入村は数回しかない、と辻さんから聞いていたから、ここで印象をわるくしたくはなかった。「迎え入れてくださり、ありがとう」「わるいひとではありませんので、どうぞよろしく」。こころのなかで呟きながら、合掌の手に軽く力を込めた。

列には、青年からおじいさんまで幅広い年齢の方がいらっしゃった。こういう歓迎は、女性の出番ではないかしらと思ったけれど、その女性陣はというと、境内の隅に集まって何やらたのしそうに話し込んでいる。

村のひとたちと早く話をしてみたい、そう思いながら、お寺の横にあるゲストルームのような空間へ入った。荷物を下ろし椅子に座ると、ここでまさかの、おもてなし第2弾がはじまった。さっきよりたくさんの量の、ゆで卵、みかん、バナナ、落花生が振るまわれる。ショートハイキングの後だったから食べものはおいしくいただいたが、お酒はバンチャンに加えて、ブータン東部の名物、アラまで出てきた。アラは焼酎に近い味のお酒で、ひと口飲むだけでも結構キツイ。笑顔でごまかしながら少しずついただいていると、今度は村の若者が大きなお弁当箱を次々とテーブルに並べ、ひと息つく間もなくランチがはじまった。フタを開けると、じゃがいも、卵、青菜などを使ったブータン料理が、贅沢なほどぎっしりと入っている。

何とかごはんを食べ終わり、村やお寺のことに話題が進んでいくなか、再び、バンチャンとアラの振るまいがはじまる。器に盛られた、ゆで卵、みかん、バナナ、落花生も、次から次に目の前に差し出された。おかげで、食べものがずっと口のなかにあって、胃袋に落とし込まれるのを待っている状態がつづいた。ポケットに手を入れると、最初のおもてなしのときにしのばせていたみかんが、ぎゅうっと窮屈そうにかくれている。

じつは、お寺に着いたとき、またしてもカメラが壊れた。ジニアの花を撮り終えてお寺を写そうとしたとたん、閉じたシャッターがもとに戻らなくなってしまったのだ。

昨晩と同じ要領で、カメラのなかの小さな窓をいじっても、今度は何かにひっかかっているのか動きそうにない。チモン村の撮影をこころからたのしみにしていたのに、これには参った。村びとたちのゴや用意してくれたごはん、バナナの房の無骨さも、すべては目に焼きつけるしかなくなってしまった。

ペマさんの呼びかけで、チモン・ラカンを案内してもらうことになった。生まれてこのかた宗教との縁がなく、これといった信仰心のないわたしも、靴を脱いでお寺のなかへ入らせていただく。

お寺のなかは、土壁で光が遮られていて、外とは別世界みたいにひんやりしていた。中央正面には、金色に塗られた仏像が鎮座し、手前の壁には現国王のお父さん、ジグミ・シンゲ・ワンチュク陛下のポスターが何枚も貼られている。

柱には、ツェチュ祭というお祭りに使う仮面が隙間なく祀られていた。ツェチュ祭とは、ブータンに仏教を伝えたパドマサンバヴァの再来の仮面舞踏だ。ツノの生えた動物や死神、丸い目が3つもある鬼の仮面に顔を近づけても、恐ろしい感じはしなかった。ブータンは、世界で唯一、チベット仏教を国教とする国。自分にとっては、縁もゆかりもない宗教のはずなのに、お寺にいると、こころが湖の底のように落ち着いてきたのは不思議だった。

ペマさんは、チモン・ラカンが6つの村から信心されていることや、ツェチュ祭で使われてきた仮面や衣装が、30年以上も同じものであること、お寺の改修費がままならない状態にあることを説明してくれた。チモン・ラカンの築年数は、村びとさえ知らないくらい古いそうだ。

子どもの頃から育んできたペマさんのお寺への思いは、腹の底から響いてくる声からも伝わってきた。バスのなかでは、ジョークを飛ばしてみんなを笑わせていたけれど、顔には信心深い表情が漂っている。

ところが、代々村びとに守られてきた仮面を手にとりながら、ペマさんは「写真は自由に撮っていい」と言った。写真を撮ることは「取る」「捕る」「盗る」などの意味とも繋がり、葉っぱ1枚でも、何かを持ち出すことが忌み嫌われる神聖な空間では、タブーとされることがとても多い。ブータンでも撮影を禁じている寺院は少なくないし、外国人は入れないお寺や、露出の多い服装や着帽の禁止など、規則の厳しいところもあるそうだ。そんな話を聞いたことがあっただけに、ペマさんが写真を撮ることを快く許してくれたときは驚いた。自分たちの文化を残したい、素晴らしさを伝えたい、そんな気持ちもあるのかもしれないけれど、ペマさんやチモン村の村びとたちは、おおらかなこころを持っているのだろう。

神聖な空間や祭事を写真に撮る行為が、どれほどよくないことか、わたしには実感としてはわからない。ただ、その土地に住むひとの心情を察しながら、やみくもに写真は撮らないようにこころがけてきた。だから、撮っていいと言われたら、もちろん撮りたい。それなのに、肝心のカメラはウンともスンとも言わず、1枚もフィルムに残せなかった。

お寺のなかで、初めて五体投地をさせてもらった。五体投地とは、仏教において、最も丁寧な礼拝方法のひとつとされているものだそうだ。

礼拝のしかたはいくつかあるようだが、祭壇のある正面を見ながら、合掌した手を、額、顔、胸の順に動かしていき、両手を前に伸ばしながら土下座をして、額を床につける。この一連の動きを、3回くり返し行った。ペマさんの動きに合わせて見よう見真似でやってみると、これが思いのほか難しい。どんな気持ちで礼拝すればよいかもわからず、村びとたちがお寺を守りつづけてきた、その気持ちを想像しながら手を合わせた。

お寺の外に出ると、大きなマニ車《ぐるま》を廻した。1周廻ったところで、鐘がコロンと鳴る。マニ車というのは、経文を印刷した紙をおさめた回転体で、これを1回転させるとそのお経を一読したことになると言われているもの。時計回りに廻すという決まりがあり、廻すほど、徳を積むことになるそうだ。

お寺で手を合わせ、マニ車を廻し、村びとたちとこころの距離が少し縮まったように感じていると、再び、出発の合図があった。チモン・ラカンは、斜面を登りきったところにあって、てっきりこのあたりがチモン村かと思っていたのだが、違ったらしい。チモン村は、登ってきた方向の反対側の斜面を下り、谷を下りきったところにあるという。

谷の底はというと……首を伸ばしても、森に包まれていて何も見えない。

村びとたちは、わたしたちの大きな荷物を分担して担いでくれた。わたしたち日本人とブータン人は長い列をつくりながら山を下りはじめる。

さきほど、お寺に向かうときに歩いた小径は、道路がつくられたために できた新しい道だったことに気づく。いま歩いているチモン村につづく道は、お寺への往来や村を出入りするときに、村びとたちが長い間踏みしめてきたことを感じる、硬い土の道だ。

あたりは、実のなる木に囲まれているのか、いろんな種類の鳥の鳴き声が響いてくる。足もとに茂る草の葉は、露に濡れて輝いている。

細く長くつづく小径に、日本でもよく見かける、オオバコという雑草を発見する。このオオバコは、種が雨に濡れてベトつくことで、ひとの靴底や動物の足について運ばれるため、森でも、畑でも、住宅街でも、必ず生きものが通ったところに根を下ろしている。オオバコの近くには、赤い果実をつけるヘビイチゴや、米粒のかたちをしたイヌタデの可愛らしい花も咲いている。こうして、日本で顔なじみの雑草を見つけるうちに、わたしの大好きな草の世界がブータンとも繋がっていると感じ、嬉しくなった。

ところが、そんなふうに嬉しい気持ちを感じる一方で、胸のかたすみには、許しを請いたいような気持ちが芽生えていた。ブータンへ入国したとき、お寺に到着したとき、ここぞというタイミングでカメラが壊れた。それを、ツイていないと思っていた。写真を撮ることは、わるいことではないと思う。けれど、旅先や神聖な場所では、その土地やそこで暮らす人びとを敬う気持ちをどんなときも忘れてはいけない。いつもは、その気持ちをちゃんと持っていたつもりなのに、今回は仕事を言い訳にして、謙虚さを失いかけていた。いい写真を本に載せたい、その一心で、撮れるものは撮っておこうというような、ちょっと傲慢な気持ちもあったかもしれない。

村びとたちは、こころを込めてわたしたちを迎えようとしてくれている。その気持ちが、言葉は通じなくても伝わってきた。

1列になって歩くみんなの足音を聞いていたら、自分の気持ちが恥ずかしくなった。カメラを手で包みながら、「ごめんなさい」と謝った。

今回、ブータンへ旅をしようと思った理由は、いくつかあった。

ブータンの居心地のよさや自然に触れたい、という思いのほかに、変わってゆくわたしのこころに、幸せを感じる秘訣を、ブータンで見つけたいという思いも密かにあった。

草花に触れながら仕事をしている理由は、草への思いが深いだけにいろいろある。

草が好きだからという気持ちを出発点に、近代化におされて変化する自然の姿を見ていたら、地球の未来に不安を感じた、という理由もあった。森林伐採、地球温暖化、ゴミの問題、電気の問題……。こういった、あげればキリのない問題は、みんなが〝自然を好きになる〟ことできっと解決できるような気がしていた。アスファルトで覆われた都会でも、道ばたに咲いている小さな花の表情を感じれば、命がそこかしこに溢れていることに気がつく。すると、自然をより思いやる気持ちが芽生え、ひとりひとりの暮らしかたは調和のとれた方向へ変わっていく。困った問題はいつの間にか減っていくんじゃないかしら、なんて思っていた。

草花と関わる仕事にやりがいを持ち、できることを探しながらやってきた。なのに、そのこころがしぼんでいったのは、２０１１年の東日本大震災の後に起きた、福島原発の事故がきっかけだった。この事故で飛散した放射性物質の影響で、水も、食べものも、草花も、動物も、そこで営まれていた人びとの生活も、たくさんのかけがえのないものが傷を負った。

わたしがこの事故のニュースと同じぐらい打ちのめされたのは、いまの暮らしの裏にどんな現実があるかを知っても、世の中の流れはわたしが思うほど変わらなかったことだった。デパートなどの公共のトイレに入ると、誰もいないのに電気がついたままだったり、夏でも便座が温められていたり。自動販売機やエレベーター、コンビニの電気は24時間休むことなく動いている。そんな光景を見ると、未来を思って、家のコンセントのプラグを抜いたり、割り箸1本を大切に思うことは、あまりに小さく、無意味にさえ感じられた。

地球の問題はちょっとやそっとでは変えようがない。原発で電気をまかなうことのリスクを知っても、暮らしかたを変えるのは難しい。なかば、諦めるようにそう思うと、草花の仕事への意気込みが消えていった。どんなことがあってもこれだけは一生つづけるつもりでいたから、自分のこころの変化に驚いた。

震災で起きた被害の悲惨さと、何もできずただ呆然とする自分に落ち込み、しばらくの間、体調を崩していた。どうやっても明るい気持ちになれなくて、できるだけ何も考えないようにしたり、ブラジルはアマゾンの深い森へ行ったりした。

そうやって仕事を休み、森のなかで時間を過ごす間に、わたしのこころの動きが、まわりのひとに静かに波及していると感じることがあったのだ。それから、たのしい気持ちでいることが、悲しい思いや出来事を地球からなくしていく究極の平和活動だと思うようになる。大げさな発想かもしれないけれど、実際に、蝶の羽ばたきが遠く離れたところの天候に影響をおよぼす、〝バタフライ・エフェクト〟という現象もあるそうではないか。

たのしいことを優先し、体をいたわりながら日々暮らしていると、わたしの体とこころは、めきめき元気になった。元気になって、元気でいることの大切さを実感した。

すると、一度決めると頑固にこだわり、変化に対応するタイプではなかったわたしが、〝いまこの瞬間〟を何より大事に暮らすようになった。こっちがいい、と思ったら、そのこころの動きに素直にしたがう。気軽な気持ちで物事と向き合うようになった、というわけではなくて、苦しい思いをして目標を乗り越えることよりも、たのしい時間のなかで成長したいという気持ちが高まった。

ところが、そうやってたのしいことばかりに目を向けて過ごしていると、ある疑問が浮かぶようになる。電気をはじめ、わたしたちがいま抱えている現実の問題と向き合わずにいてもいいのだろうか、と。

どんなふうな気持ちで、何と向き合いながら暮らしていくのがいいんだろう……悶々と考えていると、わたし自身がどういうところに自分の幸せを感じているか、いまひとつよくわかっていないということに気がついた。自分の幸せのことをわからずに、これからの生きかたは見つけられない。そんなことを思い、考えていた矢先に、伊藤監督の口からブータンの旅の話を聞いたのだった。

わたしも、チモン村も、日本も、一瞬一瞬のときを刻みながら常に変化している。変化していくときには、変わっていく延長線上に「何があるか」ということが、とても大切だ。ひとりひとりの幸せは地球の未来にも繋がっている。そう思うとますます、いまこのタイミングで自分の幸せがどういうものか、しっかりと感じておきたくなった。

ブータンへの旅を決めた理由をひとつひとつ思い出しながら、チモン村へつづく小径をひたすら下りつづけた。そして、村びとが信じているという神様のような存在を思い浮かべながら、こう祈った。

「謙虚な気持ちを忘れないようにしますので、どうか、写真を撮らせてください」


村の誰かが大きな声をあげると笑い声が起こった。言葉がわからないので、なんで村びとがあんなにたのしそうに笑っているのか、さっぱりわからない。けれど、誰かが笑うと、つられてこっちまで笑ってしまう。その笑い声に、また誰かが笑った。気づいたら、1列になって歩いているみんなが目を細めて笑っている。

笑ったあとの胸の余韻を噛みしめながら、自分と誰かの笑いが混じり合った声って最高だなぁ、と思った。笑いは、どんな人種のどんな年齢のひとにも通じる、世界共通の言語。悲しみも不安も吹き飛ばし、平和な未来とまっすぐに繋がる力を持っている。

村びとたちも、わたしたちも、歩くほどに元気な声を森に響かせた。先頭を歩くペマさんも、愉快に笑っている。

わたしは、足もとの小さな草を愛でながら歩いていたので、列の流れをしょっちゅう止めた。すると、そんなわたしを見つけたペマさんは「ヨーコさん、しっかり歩いて！」とニヤリとしながら注意する。

「村のひとは、自分のペースを崩して他人に合わせたり、急ぐことをしないんです。歩いているときでも、話をするときは立ちどまる。だから、2日で行けるところを、3日も4日もかけて歩くんですよ」

村びとたちの様子をバスのなかで、ペマさんからこんなふうに聞いていた。だから、急かされるたびに驚いた。しかも、重たい荷物を持っている村びとたちのほうが、わたしの歩くスピードよりずっと速い！

ペマさんに注意を促されると、「ゆっくり歩きたいの！」って大きな声で言い返した。けれど、なぜか笑いがこみあげてきて、声は言葉になりきらない。

草を見るのもほどほどにして、列を繋げるために前を歩くひとの背中を目指して足を速める。息を切らしながら一気に駆け足で下ると、わたしの後ろを歩いていた村びとも一気に駆け下りてきた。

子どものように笑いながら。

下り坂を歩きすぎて足ががくがくしてきたところで、ようやくチモン村が見えてきた。しかし、目に映る家々ははるか下のほうで、マッチ棒の先っぽのように小さい。斜面が急で蛇行しながら進んでいるため、歩いているわりには、村へは近づいていないようだ。

こういう斜面を生かして、スーパースライダーをつくったらたのしそう、なんて考えていると、草笛が後ろのほうから聞こえてきた。どの葉っぱで吹いているのか探してみたけれど、草の種類がありすぎてわからなかった。

早くチモン村にたどりつきたい。そう思いながらお寺を出発したものの、村びとたちの笑顔を見ているうちに、山下りがすっかりたのしくなってきた。斜面に曲がりくねる長い列を見ると、わたしはジンとした。何だか、故郷に近づいているような気持ちになっていた。

歓迎の宴を見守るご婦人たち。
接待や皿洗いは男性の役回りらしい。ブータンでは女性優位で、
家や土地を継ぐのは女性だ。

チモン村の村びとたちに見守られながら、草笛の踊りを見て、静かに燃やされるヨモギの横でマニ車を廻した。チモン村に向かって歩いている道のりは、村に入るための儀式のようだ。谷底に広がる村は、村びとの祈りの力なのか、ヒマラヤの山々に守られているように感じた。バナナの大きな葉が、風が吹くたびに揺れている。

ブータンが教えてくれたこと

130723

この度は、弊社の書籍をご購入いただき、誠にありがとうございます。
今後の参考にさせていただきますので、お手数ですが下記の質問にお答えください。

Q/1. 本書の発売をどうやってお知りになりましたか？
□書店の店頭　□ アノニマ・スタジオからのご案内
□友人・知人に薦められて　□その他（　）

Q/2. 本書をお買い上げいただいたのはいつですか？　平成　年　月　日頃

Q/3. 本書をお買い求めになった書店とコーナーを教えてください。
書店　コーナー

Q/4. この本をお買い求めになった理由は？
□著者にひかれて　□写真、デザインにひかれて
□テーマに興味があったので　□その他（　）

Q/5. 価格はいかがですか？　□高い　□安い　□適当

Q/6. よく読む雑誌は何ですか?

Q/7. 暮らしのなかで、いま特に気になっている事柄やテーマはなんですか？

Q/8. 美術・写真・イラストのジャンルで好きな作家を教えてください。

Q/9. 料理・雑貨・クラフトなどのジャンルで好きな作家を教えてください。

Q/10. 今まで読んだ本のなかで「いつも側においておきたい」と感じた本を教えてください。

Q/11. 今後、かわしまよう子さんのどんな本を読んでみたいですか？　自由にお書きください。

お名前　性別　□男　□女　年齢　歳
ご住所　〒　ー
ご職業
Tel.　e-mail

ありがとうございました

post card

料金受取人払郵便

浅草支店承認

9687

差出有効期間
平成26年
9月30日まで

111-8790

051

東京都台東区蔵前2-14-14 2F 中央出版
アノニマ・スタジオ

ブータンが教えてくれたこと 係

☒本書に対するご感想、かわしまよう子さんへのメッセージなどをお書きください。

このはがきのコメントをホームページ、広告などに使用しても　可　・　不可　（お名前は掲載しません）

チモン村の朝は早い。空が明るくなると、山からホースで水を引っぱってきただけの水道のところに村びとが次々と集まってくる。目が合うと「クズザンポーラ」とご挨拶。水道の近くには、水の入った鍋が火にかけられている。太陽が昇るたびにこんな光景がくり返されていると思うと、あったかい気持ちになった。

チモン村には農薬がないので、畑でつくられている食べものはすべてオーガニック。日本で暮らしていると、安心して食べられるものが身近にあるということに、贅沢さを感じる。朝ごはんは、テュッパというお粥と、バナナの皮に包まれた、レバーとかぼちゃを合わせてつくったカムタン。しょうががたっぷりのお粥が、冷えた体を温めてくれた。

ガイドのペマさんの実家は、村で一番立派な２階建てだった。家のなかは土壁でシンプルな空間が３つ。祭壇だけは豪華な色彩で祀られている。

チモン村の景色

チモン村を目指しながらペマさんが急かした理由は、山を下りきったあたりでわかった。そこには、チョルテンと呼ばれる仏塔があり、チョルテンを時計回りに通っていくと、チモン村の山側に暮らしている村びとが、ズラリと並んで待ってくれていた。村びとたちの前には、長いゴザが敷かれている。おもてなし第3弾がはじまった。

またしても、バナナ、ゆで卵、みかん、そして、バンチャンとアラがたっぷりと振るまわれる。辻さんに教えてもらった「チャプテーン、チャプテーン」（ゆっくり、ゆっくり）と手振りをそえながら言っても、どういうわけか通じない。バンチャンもアラも関係なく、プラスティックの黄色のコップに酒がなみなみと注がれた。そのペースの速いこと！

コレステロールを気にしていたら、ここの村びとたちとこころを通わすことなんてできっこないだろう。日本では、〝卵は1日1個まで〟と気をつけてきたけれど、今日ここに来て食べたゆで卵の数は、10個くらい。バナナもみかんも1年分は食べた。

今回の旅は、辻さんから教えてもらった心得を守り、満腹は避けたかった。けれど、村びとのおもてなしを次々に受けていると「食べすぎて明日動けなくなっても、それでもいいか」という気持ちになってきた。はじめはちょっと億劫に感じていたお酒の振るまいも、ここまでくると、何だかたのしい。飲むか飲まないか、食べるか食べないかということよりも、きっと、素直に〝受けとる〟ことが大事なんだ。

ゆで卵のなかには、草で染めたという、鮮やかな紅紫色の卵があった。ペマさんが「これを使うんだよ」と山下りしているときに教えてくれたのは、細かいトゲのあるツル性の草、日本でも染色に使われるアカネだった。テーブルの上には、グレープフルーツのような大きな柑橘系の果物に、ジニアや菊がさしてある。その花のくったりとしおれた様子から、村びとたちを相当長い間待たせてしまったことに気がついた。

ここでのおもてなしでは、村びとが祈りの儀式をしてくれた。大きな葉っぱをくわえた男性が、草笛を吹きながらコミカルな踊りを踊ったあと、別の男性が呪文のような言葉を唱えながら、大地に酒を注いだ。辻さんの通訳によると、この村の神々に「ここに訪れた人びと（わたしたち）へ、幸運がありますように」と祈ってくださったそうである。

そして、このとき、すでになかば諦めかけていたカメラを触っていたら、シャッターが動いたのだ。村びとたちの笑顔や祈りのために飾られた花……撮りたいものはたくさんあった。村びとへの思いやりを忘れないように、今度はしっかりと肝に銘じながらシャッターボタンに指を置いた。

わたしたちは、子どもから大人、おじいちゃんおばあちゃん、村びとみんなに見守られていた。けれど、お腹はパンパンだった。もう、これ以上は食べられない。さすがにギブアップしようと思っていたら、誰かが合図をしてくれて、再び荷物を担いで出発した。

そこから、原っぱの広がる平坦な道をしばらく歩いて、目指すチモン村に到着。予想通りチモン村の村びともおもてなしをしてくださるのだが、腹が膨らむにつれ、山盛りのゆで卵をどれだけ差し出されても、もうぜんぜん驚かなくなっている。

おもてなしをいただくたびに、密かに嬉しく感じていたことがあった。それは、どのおもてなしもテーブルには花が飾られていて、それぞれの食べものがとても丁寧に盛られていたことだ。芋やサトウキビと混ぜて、みかんが豪華に見えるように工夫されていることもあった。チモン村では、卵の隙間に赤い葉が添えられていて、その色合いから村びとたちのこころづかいが感じられた。

酔いつぶれることなくおもてなしの時間が終わると、チモン村に滞在中、泊めさせてもらう民家に荷物を置かせてもらい、散歩に出かけた。長旅で体は疲れているはずだったが、まばたきするたびに深まる空の色を見ていたら、家のなかでゆっくり休んでなんていられなかった。

雲ひとつない空は、吸い込まれそうなほど濃いコバルトブルーに染まっている。わたしの大好きな色だった。

自分の呼吸が、この広い空と混じり合っていることを嬉しく感じた。おんなじ空でも、地球という星にはいろんな色があるんだなぁ。


桃色の花を咲かせたソバ畑。立派に成長したトウモロコシ畑。草が生い茂るだけのただの原っぱ。その間をゆるやかなカーブを描きながら伸びる小径は、誰かと誰かの家を繋いでいる。


土壁に木枠の窓をあてた趣のある家屋を眺めていると、まるで過去にタイムスリップしたような気持ちになった。家々は重なることなくゆったりと点在し、夕飯の支度をしているのだろう、白い煙が煙突から立ちのぼっている家もある。

風が吹けば、草がふわりと揺れた。アスファルトのない大地はやわらかく、踏みしめると、体の力がスッと抜ける。

原っぱをひとりで歩いていると、50メートルほど先にある家の陰から、男の子と女の子が顔を出して近づいてきた。鼻水をたらした、おめめぱっちりの男の子は、4歳くらいだろうか。ズボンのサイズが大きくて、動くたびにお尻の割れ目が見え隠れして可愛らしい。

男の子より3つ4つほど年上に見えるお姉ちゃんは、小さな赤ちゃんをおんぶ紐で背負って子守りをしている。その目は、わたしの目を見据えたまま、まったく視線をそらそうとしない。警戒しているのかとはじめは思ったけれど、どうもそうではなく、珍しい外国人をただ観察しているだけのようだ。

こんなときに、どんな言語でも話せるようになるドラえもんのひみつ道具、〝ほんやくコンニャク〟があったらなぁ……。そんなことを思いながら、足もとに咲いているアゲラタムという小さな草を摘んで渡してみると、男の子とおんぶされている赤ちゃんは、両手を伸ばして受けとってくれた。草花を通して仲よくなれたような気持ちになり、ほくそ笑みながらお姉ちゃんのほうを見る。しかし、彼女は依然として無表情のまま、わたしから1ミリも視線を動かさない。

ジッと見つめられるとどうしていいかわからなくなり、何もしないで、何も言わないで、その場に佇むことにした。もう少し一緒に時間を過ごしたら、初めて出会った緊張がほぐれるかもしれない。

太陽が山の向こうに沈むと、子どもたちの表情は見えにくくなってきた。空気が急に冷え込んできたので歩きはじめると、男の子もお姉ちゃんも黙って後をついてきた。

村のまんなかあたりに行くと、マニ車の横で辻さんが火を燃やしていた。その火は、わたしたちがチモン村に到着したときに燃やされていた、ヨモギの残り火だった。

辻さんは、男の子とお姉ちゃんの顔を見ると微笑んで、穏やかな声で話しかけた。

「きみの名前は何ていうの?」「家はどこ?」「何年生くらいかな?」

「おりこうだねぇ、君は子守りをしているんだね」

ときに日本語を交えながら、英語で話しかける。もちろん、どの質問にも返事はない。それでも、沈黙がつづかないように話しかける辻さんの声を聞いていると、言葉は意味を伝えるためだけのものでもないんだな、と思った。声は、こころのなかにあるものを伝えてくれる。辻さんの声は、わたしのこころをホッと和ませてくれた。子どもたちは言葉は発しないけれど、わたしとおんなじ気持ちでいるから、この場所に一緒にいるのだろう。しばらくすると、お母さんが子どもたちを迎えに来た。男の子は帰りたくなさそうに眉根を寄せたけれど、お母さんに手を引っぱられながら来た道を帰っていった。あたりはすっかり暗くなっている。

ヨモギをきれいに燃やし終えたところで、みんなが集まる場所へ戻るために立ちあがった。ごはんの時間だった。

あんなに膨れていた腹は、さすると空腹を感じられた。食べても食べても、それでも腹は減る。そんなあたり前のことに幸せを感じながら、みんなが待っている家へ繋がる小径を歩きはじめた。

チモン村の幸せ

ペマさんのお父さんとお母さんは、村の中心役を担っている。ふたりはレンガ造りの2階建ての家に住んでいて、村びとは何かがあるとここに集まってくるという。

その家の中庭へ行くと、ツアーの参加者も村びとたちも集まっていて、暖をとるための焚火が用意されていた。火を囲むように椅子が置かれ、テーブルにはおかずの入った大きな器が並んでいる。チモン村でも、ごはんはバイキング形式だった。

手のひらを焚火に近づけると、すぐに指先まで温かくなった。人口密度の高い日本では、火を焚ける場所がかなり制限されるようになったから、火を囲んでごはんを食べるのは、久しぶりだった。

ごはんを食べ終えると、待ちに待った、村びとへの質問タイムがはじまった。

今回の旅は、辻さんをはじめ、わたしを含む13人の参加者がいる。そのなかには、映画監督の伊藤さん、編集者、薬剤師、ソフト開発の会社やフェアトレードショップのオーナー、画家、インドでオーガニック・コットンの普及に邁進しているニューヨーク在住の日本人もいる。

20代から50代の男女の参加者全員が、ブータン人が感じている〝幸せ〟に興味があった。それから、日本のことを真剣に考え、明るい未来を思い描きながら、自分に何かできることを求めているようでもある。

まずは、ペマさんのお父さんとお兄さんを囲んで、チモン村についての質問をさせてもらう。顔いっぱいに笑いジワを刻んだふたりは、質問されるとゆっくりと静かに声を放った。

ペマさんのお兄さんの説明によると、現在チモン村の人口は、約1000人。谷に700人、谷の上に300人、72世帯の村びとが暮らしている。ひと家族に子どもの数は、9〜10人くらい。多い家では、なんと14人もいるらしい。

ところが、この子どもの数が、年々減っているというではないか。その理由を尋ねてみると、土地の所有のしかたが変わったからではないか、とお兄さんは言った。昔は村びとみんなで土地をわけて農業をしていたそうだが、政府が所有のしかたを決めてから、使える土地に限りが出てきた。そうすると、たくさんの子どもたちでわけると、ひとりあたりの土地は小さくなり、生活に十分な食べものが得られなくなるという。

家族計画のことも教えてくれた。国が全額負担している学校教育の費用を抑えるために、また、自然と調和のある暮らしを持続させるために、政府は家族計画を進めて、人口の増加に歯止めをかけているそうだ。

村びとにとっては、子どもが無料で学校に通えたとしても、制服などの出費はある。自給をしている村で現金をつくることは容易ではなく、このことも、子どもが減った原因ではないか、とペマさんのお兄さんはつづけた。ブータンでは、男性はゴ、女性はキラと呼ばれる民族衣装を公の場では着用する決まりがある。それは、学校に通う子どもたちの服も同じなのだ。

ペマさんのお父さんは、「子供の数が減るのはよい傾向ではない」と言った。家族はどんどん増えて賑わっているほうがいいのである。

ペマさんのお兄さんに、村びとが病気になったとき、どんな治療をしているか尋ねると、それは、わたしがいま最も関心をよせている、薬草治療だった。チモン村には病院らしいものはないが、頭痛、腹痛、蛇や草などの毒くらいなら、自分たちで治せるという。治療を施す前に、「全身が青い色の医療の仏様に祈りを捧げる」のだそうだ。

ペマさんのお兄さんは、こころの病気についてはこんなふうに言った。

「うつ病やストレスを持っているひとは、この村にはいません。こういった病気は、野心を持ち、お金を求めはじめるとかかる病気です。この村のひとたちは、自分の持っているもので満足しています。ああしなくてはいけないとか、こうしなくてはいけないということもないので、悩みもありません。未来のことはわかりませんから、朝ごはんが食べられて、昼ごはんが食べられたら、それでよいではありませんか。先のことを考えるひとが、悩みを持ち、うつ病になるんじゃないでしょうか」

次は、幸せについて質問することにした。

チモン村では幸せのことをシャチョップで「ショーナンピュア」と言う。政府は国民の幸せを何より大切に考え、２００５年に初めて行われた国勢調査の結果では、国民の97％が「幸せ」と答えている。ＧＮＨが世界から注目され、幸せな国と言われているブータン。そんな国で暮らす村びとが感じる幸せって、どんなときだろう。

ペマさんのお兄さんにとって、いままでで一番幸せを感じたのは「結婚したとき」、お父さんは「釣り」だった。お父さんの答えに思わず驚いたが、チモン村は、もともとボン教という宗教を信仰していて、チベット仏教が国教となったいまでも、殺生には独自の感覚が残っているようだ。

「殺生はよくない行為とされていますが、狩りも好きなんです。鹿や猪をみんなにわけ与えているときが幸せでした。けれど、いまは年をとったので、来世の準備をしなくてはいけません。来世は殺生をどれだけしたかによって決まります。狩りはやめて、僧院に通い、来世に行くためにするべきことをしています」

お父さんに、「いま、幸せですか？」と尋ねてみると、笑いジワはさらに深くなり、チャーミングな笑顔になった。

「昔より、いまが幸せです。教育が受けられるようになって、無知でなくなった。村に外国からお客様もやって来て、こうして、みなさんをもてなすことができて幸せです」

わたしたち日本人がツアーとしてチモン村を訪れることができたのは、新しい道路が山にできたおかげである。

道路と電気が通ることについては、「どういうことになるかよくわかりませんが、政府が考えていることだから、きっとよい方向に繋がるでしょう」と答えた。

ここで、女性を代表して、ペマさんのお母さんに質問させてもらうことにした。パッツリと切りそろえた短い前髪のお母さんは、みんなの前に座ると、嬉しそうな恥ずかしそうな顔をした。

お母さんの幸せなときは、「歌を歌っているとき」だった。「若い頃は口を閉じているときがないくらい、いつも歌っていたのよ」と、微笑む。

そして、真面目な表情に戻ると、こう教えてくれた。

「いまは、毎日マニ車を廻して、功徳を積み、来世の準備をしています。死ぬ準備をしていることが、いまのわたしの幸せです」

チモン村では、生活するために必要なものは、お金で買わず、ほとんど手づくりしている。そんな村に職業があるのか、ペマさんのお兄さんに尋ねてみると、「学校の先生や、農業をやりながら大工やお店をやったりするひとはいる」と言う。

そして、職業がない環境が、村の新たな問題になりつつあると言った。教育を受けたひとが、学んだことを生かせる仕事がこの村にはないのだ。

質問をしているとき、ペマさんのお兄さんからこんな言葉を聞くことがあった。

「この村では、一世帯ですべてが完璧に満たされているところはありませんが、村のみんなで助け合いながら満たしているんです。何か足りないものがあれば、村のみんなでわけ与える。村には、除外されているひとはひとりもいません」

また、村のある女性は「ひとが集まって、みんなで過ごしているときが幸せです」と、本当に嬉しそうな顔をして答えた。わたしたちがいただいたおもてなしやごはん、目の前で燃やされている薪は、村びとたちがあるものを持ちよって、みんなでまかなってくれたものだそうだ。日本ではお金さえあれば何の不自由もなく暮らせる環境にいるのに、「みんなで」「除外されているひとはいない」という言葉を聞くと、羨ましい気持ちになった。わたしの家のまわりでは、住民と日常生活を助け合うようなことはほとんどなく、ほんの数人としか、近所づき合いもないからだ。

わたしが幸せを感じるときを改めて考えてみると、散歩をしているとき、昼寝をしているとき、美しい風景を眺めているとき。何も考えずにゆっくりと過ごしているとき、幸せだなぁと感じる。

村びとたちの答えを聞いていると、チモン村には、わたしと同じようなことに幸せを感じているひとはいないだろう、と思った。村びとの幸せはそれぞれだけれど、〝ひととひとが繋いでできる輪〟から生まれてくるものばかりだったから。

目の前で燃やされている焚火は、わたしたちの顔を照らし、ヒマラヤの冷えた空気を暖めていた。見あげれば、満天の星空が広がっている。

夜も更けてきたところで、質問はさらにプライベートな内容に移った。ナイトハンティング、つまり夜ばいの風習がブータンにはいまでもあると聞いたけれど、その噂は本当だろうか？

勢いよく立ちあがり、目を輝かせながら身振り手振りで説明してくれたのは、30代半ばくらいの青年、ソナムだ。彼曰く、「あるとも！」。

わたしたちがチモン村に近づいた頃、バスから乗り換えるためのジープを用意してくれたのが、ソナムだった。ジャケットにジーンズの私服を着ていると、日本人と見間違えそうになる顔立ちだが、彼はチモン村で生まれ育った青年だ。得意技は、小さな悪戯《いたずら》をして、まわりのひとを笑わせること。

ブータンに、夜ばいの風習があるというのはどうやら本当のようだ。ソナムが言うには、夜ばいと結婚は別もの。「夜ばいしたひとと結婚しなくちゃいけないなら、俺はいったい、何人の妻がいることになるんだい？」と格好をつけながら言って、みんなをドッと笑わせた。

夜ばいをして断られたことがないのか？　と聞いてみると、右手を大きく横に振り「ない！」と言い切った。冗談が好きなソナムのことだから、それが真実かどうかはわからない。けれど、それをここでつきとめるのはあえてやめておくことにしよう。


日本語で質問したものを辻さんが英語に訳し、その英語をペマさんがシャチョップになおして、村びとへ質問してくれた。そして質問の答えをペマさんが英語になおし、辻さんが日本語に訳してくれる。その答えを聞いて、わたしたち日本人は日本語で語り合う。

3つの言語のやりとりに耳を澄ましながら、わたしはおもてなしでいただいたのと同じみかんを頬ばっていた。ブータンのみかんは噛めば噛むほど、甘さと酸味が口のなかに広がってくる。

食べ終えたみかんの皮や種を燃やして土に返そうと、目の前で燃えている火のなかにほうり投げた。すると、隣に座っていた村の青年が突然こちらを向いて、「種を燃やさないでください」と言った。チモン村には、〝植物の種を燃やすとそれと同じ植物が枯れてしまう〟という謂われがあるそうだ。

「それが、本当のことかどうかはわからない。けれど、僕はそれを信じているんです」

彼のその言葉を聞くと、わたしのなかで、長い間眠っていたこころの目が覚めたような気持ちになった。子どもの頃、祖母や父から言われていた言葉……、夜に口笛を吹いたら蛇が出るとか、トイレには神様がいるとか、本当かどうかわからないようなことを、何度も言われていたことを思い出した。

子どもの頃は、その言い伝えのような、迷信じみたことを聞くたびに、胸をドキドキさせながら信じたものだ。ところが大人になって、ひとり暮らしをはじめてみると、夜に口笛を吹いても蛇が出ないことや、トイレで神様を見かけることはないことがわかった。信じていたことが本当じゃないとわかると、がっかりした。と同時に、「やっぱり！」と、こころのどこかで勝ち誇ったような気持ちにもなった。

でも、そういうことじゃなかったんだ……。

彼の言葉は、わたしのこころにあったミゾを埋めてくれた。種を燃やすと、植物は枯れるかもしれないし、枯れないかもしれない。その言い伝えは、もしかすると、ほかの意味を秘めているのかもしれない。けれど、何が真実でどんな意味があるかということより、まずは、その言い伝えと向き合う自分の姿勢が大切だった。信じる気持ちがひょんな言葉や行動と繋がって、知らず知らずのうちに難を逃れていた、なんてこともあるかもしれない。大切なのは、〝信じるこころ〟そのものなのだ。

信じていた気持ちを失ったわたしは、こころの底からもう一度信じようと思っても、それができなくなっていることに気づいた。そのとき、何とも言いようのない寂しさに包まれたことを思い出しながら、深く頭をさげて謝った。

彼は優しく微笑んだ。彼の言葉は、一生忘れないと思う。

村びとへの質問は、次から次に思い浮かぶのだけど、明日も早朝から数々の予定がある。キリのよいところで質問タイムはお開きとなり、泊めさせてもらう民家を目指して、懐中電灯の灯りだけを頼りに歩きはじめる。

ふと、暗闇の存在を忘れていたことを思い出し、懐中電灯のスイッチを消してみた。すると、チモン村の風景が暗闇からゆっくりと浮かびあがり、目指す家も、足もとも、原っぱに生えている小さな草まで、はっきりと見えてきた。懐中電灯の灯りを消したことで、暗闇が蘇り、暗闇があるからこそ見える輝きに気がついたのだ。

ゆるやかな曲線を描きながら伸びる小径には、わたしの長い影が落とされている。その影を落としているのは、夜空に浮かんだ、お月さまだった。

月明かりは、わたしの体だけでなく、こころまで優しく照らしているように感じた。草の葉に輝く光に見とれながら、ゆっくりと民家へ繋がる小径を歩いた。

明日は、チモン村を見学する日。一番の目玉は、オーガニック・コットンの畑を見学することだ。オーガニック・コットンとは、簡単に説明すると、農薬や化学肥料を使わずに育てたコットンのこと。

チモン村はもともと、自分たちで栽培したコットンで糸を紡ぎ、草木で色を染め、手織りの布で自分たちの着る服をつくっていたそうだ。ところが、いまから35年前、ペマガツェルに隣接するタシガンに道路ができると、その伝統的農業は消えていった。道路づくりにかり出された村びとが現金収入を得て、服をつくらず外から買うようになったからだ。

前にも触れたように、チモン村には、道路と電気、このふたつがいっぺんに繋がろうとしている。そうなると、村は発展するか、現金収入を求める者が町へ出て、過疎化が進むかどちらかになると辻さんは言う。すでに、チモン村から出ていった若者は少なくないそうである。

野菜を育てても、どの村でも自給しているとお金に換えることは難しい。いままでになかったものをつくると、若者だけの産業になりかねないし、何かしらの問題が出る可能性もある。そこで、チモン村で現金収入が得られる方法のひとつとして、辻さんが考えたのが、オーガニック・コットンの栽培の復活だった。過去に経験のあるコットン栽培なら、村のおじいちゃんやおばあちゃんの知恵と、若者たちの力を合わせることができる。つまり、現金収入を得ながら、チモン村の文化とコミュニティを維持することができるだろう、というわけだ。さすが、GNHを愛する、辻さん‼

道路ができたために途絶えたコットン栽培を、道路ができることをきっかけに復活させる。そのために、辻さんはペマさんに電話をして、村に残されたコットンの種を探すように伝えていたそうだ。

残念ながら村に種はなく、近隣の村からもらった種を、草むらになっていた土地を耕して土に蒔いた。それから5か月が過ぎ、ふわふわのコットンが膨らむ季節となった。チモン村を持続させるために、35年の眠りから目覚めたオーガニック・コットン。そんな頼もしいコットン畑を見に行くと聞いて、わたしの胸は興奮していた。

チモン村の夜明け

まだ真っ暗なうちに目が覚めてしまった。布団から抜け出して、木造の窓の隙間から外をのぞいても、太陽の気配は感じられなかった。

部屋のなかも真っ暗で、時計がどこにあるか見つけられない。いったい何時くらいなんだろう。

夜明け前の空気は、音という音を鮮やかに伝えてくれる。鶏の鳴く声が、近くから遠くから聞こえてきた。離れにある台所から、部屋を貸してくれた家の奥さんのだと思う、足音がパタパタと響いてくる。

「布団がない可能性もある」と聞いて、寒いのは覚悟して日本から寝袋を持ってきていたが、村びとが用意してくれた新品の毛布のおかげで、思ったよりも暖かい夜を過ごせた。けれど意識が興奮していたのか、時差の影響なのか、夜なかに何度も目が覚めてしまった。

もう一度眠り直そうと布団に潜り込んでも、眠れそうな感じがまったくしない。火の爆《は》ぜる音や鍋と鍋のぶつかる音を聞いていると、いてもたってもいられなくなり、靴を履いて階下に下りることにした。泊まった家は高床式になっていて、二間だけの簡素なつくりの部屋だった。

階段を下りると、火にかけられた鍋から勢いよく蒸気があがっていた。家の奥さんはわたしに気がつくと、たらいをひとつ持ってきて、鍋の熱湯と水を混ぜて差し出してくれた。顔や手を洗ってくださいということだと思う。

アウトドア用の厚手のジャンパーに身を包み、首にはストールをぐるぐると巻きつける。靴下もスパッツも何枚も重ねばきして、寒さ対策は万全だった。とはいえ、吐く息も白く染まるヒマラヤの朝は、沖縄で暮らしているわたしには骨身にしみる寒さだ。火の前に置かれた木のベンチに腰掛け、たらいのなかに手を入れると、湯の温かさがじんわりと全身に伝わってきた。顔を洗うと、頬の筋肉が緩んでくるのがわかった。

家の旦那さんが、温かいバター茶を持ってきてくれた。ブータンでは、紅茶のようなお茶のなかに、塩やバターを入れたバター茶がよく飲まれている。このバター茶は、見た目はミルクティに似ているが、味はスープに近い。他国から来たひとは苦手とするひとも多いそうだが、「茶」という先入観を持たずに飲むと結構いける。

バター茶をいただきながら、鍋にかけられた火をずうっと眺めていた。燃えている薪が短くなってくると、台所の建物の横から新しい薪を持ってきて、火の上に置いた。しばらくすると薪に火が燃えうつり、パチパチと爆ぜる音が加速する。鍋のまわりは明るくなり、冷たい空気が暖まった。

火はいいなぁ。手のひらを火にかざしていると、こころの底からそう思った。

火の温度を肌で感じ、火の色を眺めていると、余計な思考が消えていった。思考が消えるほど、こころは穏やかな気持ちになっていく。

穏やかな気持ちになると、普段どれだけ思考を動かしながら過ごしていたかがよくわかった。そして、電気やガスを使って、ラクに水を熱湯に変えることができるようになったぶん、思考を止める時間を失っていたことに気がついた。火は底なしにこころを癒してくれるのに対して、思考は人間をとても疲れさせる。思考を止める、〝炎マジック〟。これなくして暮らしていくことは、じつはわたしたちが思っている以上に過酷なことなのかもしれない。

昨日、辻さんがヨモギの残り火を燃やしながら、「人間は、火から生まれた」と言っていた。その言葉を思い出しながら、太古の人びとがどんな気持ちで火を眺めていたか、同じように火を眺めながら想像してみようと思った。けれど、すぐに瞼を閉じてしまった。現代文明にどっぷりつかったいまのわたしには、いくら想像してもはかり知れないような気がした。

空を見あげると、山の後ろはうっすらと白みはじめ、星は目に見えなくなりそうなほど小さくなっている。
遠くで鳴く鶏の声に力が増した。もうすぐ、チモン村に夜明けがやってくる。

空が明るくなると、村びとたちが水汲み場に集まってきた。わたしが泊まった家と台所の建物のちょうど間くらいのところにある、山から引っぱってきた長いホースが大きなタンクの上に置かれただけの水道だ。

奥さんは、タンクのところで鶏や牛たちの餌の準備をすませると、大きな鍋を洗った。バター茶を持ってきてくれた旦那さんは、小学1年生になる息子とタンクの横で何か話し込んでいる。

あるおじさんは、タンクの近くに腰を下ろすと、長い刃物を真剣な表情で研ぎはじめた。細い小径を歩いてきた白髪のおばあちゃんは、持ってきたふたつのボトルに水を汲んだ。ひとつずつ持ち帰ろうとするので、わたしがもうひとつのボトルを持って追いかけていくと、おばあちゃんは顔中くしゃくしゃにシワをよせて喜んでくれた。

水道はいくつかの家と共同で使っているようだった。こういうコミュニティの暮らしを経験したことのないわたしだけれど、タンクのある場所へ誰かが水を求めてやってくる風景に、なぜか懐かしい気持ちになった。

ごはんの時間は、ペマさんのお父さんとお母さんの家の中庭に集まり、ツアーの参加者みんなでいただく。朝ごはんを食べるために中庭へ行くと、焚火のあとが白い灰となって残っていた。

今日のメニューは、しょうがの効いたテュッパと呼ばれるお粥だった。米がとろとろになるまでしっかり煮込まれたお粥は、胃腸に優しくしみ込み、滋養によさそうな味がした。テュッパの入った鍋の横には、バナナの葉にくるまれたペースト状の食べものが置かれてある。これは、カムタンと呼ばれる料理で、かぼちゃとレバーを合わせてつくったものだそうだ。レバーの臭みはなく、まるで甘辛い味噌を舐めているようだ。このふたつの組み合わせに、わたしの胃袋はメロメロになり、テュッパをもう一杯いただいた。

旅先がよい印象になるかどうかは、ごはんのおいしさがカギを握る。その点では、チモン村は好印象だった。わたしたちの舌に合わせてくれているのか、辛すぎる料理はほとんどなく、家庭料理のような懐かしい味わいのなかに、初めて食べるような新鮮さもあった。

日本にいるときは滅多に食べないお肉を、ここチモン村ではいただいている。聞くと、わたしたちのために、豚を一頭潰してくれたそうである。「ありがとう、豚さん」と思った。村びとたちはきっと、豚に愛情をそそぎながら大切に潰してくれたんだろう。

太陽がようやく、山の向こうから顔をのぞかせた。今日も空には雲ひとつない。いい天気になりそうだ。

ごはんを食べ終わると、いったん部屋に戻って、チモン村の見学の準備をする。ノート、鉛筆、そしてカメラ。以上。チモン村にいるときは、時計は持たないことにした。

外に出ると、夜明け前にわたしを温めてくれた火は消えていた。けれど、鍋からは依然ゆっくりと湯気が立ちのぼっていて、その白い湯気を見ながら、奥さんのこころづかいやバター茶の味の余韻にひたる。

刃物を研いでいたおじさんは、小径の脇に座って、細長い木を少しずつ削って丸い棒をつくっていた。まばたきを忘れたような目で棒を見つめるおじさんに向かって微笑むと、おじさんはわたしにすぐに気づいて、微笑みを返してくれた。この微笑みの交換には、「行ってきます」「行ってらっしゃい」という意味が、言葉をかわさずとも込められている。

オーガニック・コットン

チモン村滞在2日目の今日は、村を見学する日。その目玉は、前述したオーガニック・コットンの畑を見に行くこと。わたしたち一行は、学校の遠足のような足どりで、ペマさんとペマさんのお父さんに導かれながら、1列になって畑を目指した。

まずは、村のまん中を通って、マニ車を時計回りにぐるっと廻す。

マニ車の横には、幅50センチ長さ10メートルもある布がくくられた、ダルシンという祈祷旗が掲げられていた。ダルシンの長い布には経文が書かれてあり、この布が風にはためくと、経文を一読したのと同じ功徳があると言われているそうだ。

ダルシンの下を通り抜け、まっすぐに歩みを進めていると、前方からわたしの名前を呼ぶペマさんの声がした。駆けよってみると、草のことを教えてほしいとお願いしていたわたしに、膝丈ほどに伸びたヨモギを指さしながら、この草の使いかたを教えてくれた。

「チモン村では、切り傷にヨモギを潰してその汁を塗ります」

やっぱり！　草の世界に目線を下ろして旅すると、草ならではのおもしろさに遭遇することがある。日本で馴染みのある草が異国の地で、治療や祭事のときに、日本と同じような使いかたをされている、なんてことがたまにあるのだ。

ヨモギは、日本では魔除けの力があると信じられ、端午の節句などで、軒にさしたり風呂に入れて身を清める習わしに使われている。わたしたちが村に到着したとき、燃やされるヨモギを見ながら「この草の浄化力を知っているなら、傷の手当てにも使われているだろう」とにらんでいた。中国から伝わってきたという説もあるヨモギだから、使われかたも同様に向こうから来て広まったのかもしれない。が、読みは正解。日本でも、傷の手当てと言えばヨモギの右に出る草はない。わたしが子どもの頃、転んでできたすり傷に塗っていたのも、道ばたに生えているヨモギの汁だった。

ヨモギは北半球に分布し、日本では北海道から沖縄まで、畑や空き地などの身近なところに自生している。生命力溢れる根は根絶不可能で雑草扱いされているが、そのたくましさに目を向けると、止血効果や血行促進、殺菌力に優れ、血液をきれいにする力もある。つまり、薬草なのだ。日本には古くから自生しているだけあって、いろんな使われかたがある。草餅に入れたり、もぐさにしたり、はんこの朱肉に使われることもあるようだ。

ブータンでは、ほかにどんな使いかたがあるのかペマさんに聞いてみると、赤ちゃんが生まれたときに草を煮出した湯に入れることを教えてくれた。それから、葉の先を使って、箒《ほうき》として使うこともあるらしい。部屋を掃除しながら清めるヨモギ箒は、ナイスアイデア。

日本に帰ったら、ぜひつくってみたい。

摘んだヨモギを手に、目線を前方に移して再び歩きはじめると、小径の向こうから薪を背負った親子が歩いてくるのが見えた。年長さんくらいの小さな男の子も、たくさんの薪を背中にくくりつけ、お父さんの後ろをついてきている。

すれ違うときにご挨拶をしてみると、お父さんも子どももニコリともしなかった。見ればば、お父さんが着ているゴも、子どもが着ているTシャツも、柄が見えなくなりそうなほど汚れている。笑わないというより、笑えないようなふたりの表情を見て、この親子は何か重たい事情を抱えながら生きているように感じた。チモン村は笑顔の多い村のように見えるけれど、そのなかにもやっぱり、いろんな境遇の村びとたちが暮らしているのだろう。

薪を背負った親子が去っていくのを待って、わたしたちは歩きはじめる。今日はゆっくりと歩いているせいか、見慣れた草より、初めて見る草のほうが目にとまるようだ。

ペマさんが教えてくれた、腹を下したときに使うという草は、日本では見かけない草だった。久しぶりにオナモミを見つけて、トゲのある果実をとった。この果実は面ファスナーの原点になったもので、服に目がけて投げると、小さなトゲが布の繊維に食い込んで、ピタッとくっつく。オナモミは漢字で〝雄生揉〟と書く。毒蛇などに噛まれたときに、生葉を揉んで傷口につけると痛みがやわらぐことが名前の由来になっている。

チモン村ののどかな風景と小さな草を愛でながら歩いていると、コットン畑に到着した。四方を低木で囲まれた空間に、腰ほどの高さに伸びた植物が生い茂っている。

その茂みをよおく見ていくと、茎の先にポッと膨らんだ可愛らしいワタを発見。花材屋さんで枝つきで売られているワタを見かけたことはあったが、こうやって、自然のなかで生きている姿を見るのは初めてだった。

「コットンの花って、黄色なんだ」

ふわふわの綿毛の色から連想して、てっきり白い花を咲かせるものとばかり思っていたが、薄くて大きな花弁を広げた、淡い黄色の花が咲いていた。

手のひらのような形の葉は、茶色のものもあれば、赤みをおびているものもあった。ワタはお店で見たものより、ひとまわりも、ふたまわりも小さいように見える。その理由は、種が長い間保存されていたことと、種を蒔くタイミングが遅れたため、十分に成長できなかったとペマさんが説明した。おかげで、花も蕾も見られてラッキィだったが、本来なら冬になる前の11月頃、ちょうどいまの季節になると、眩しくて目が開けられなくなるくらい、視界がコットンの白いワタで溢れるそうだ。

コットンはアオイ科の植物で、オクラ、フヨウ、ムクゲ、ハイビスカスなどの仲間である。世界の熱帯・亜熱帯に分布し、多年草の植物だが、寒さに弱く冬に枯れるものもある。

果実のなかのワタは、飾りでも何でもなく、風に乗せて、種をできるだけ遠くに運ぶための綿毛である。繊維作物としての歴史は古く、紀元前５０００〜４０００年頃にはすでにインダス川流域で栽培されていたという。そして近年、世界の繊維材料の約7割をこのコットンが占めていると言われている。

普段、衣類やタオル、寝具などの布ものを購入するとき、環境に負担をかける化学繊維は、肌に馴染まないこともあって滅多に買わない。オーガニック・コットンは、肌触りもよく、環境を配慮しながらつくられているが、値段が高いため、なかなか手が出せないのが正直なところ。だから、素材を選ぶときは、綿、麻、絹といった天然素材であればよしとして、それ以上に意識を傾けることはしてこなかった。

ところが、目の前に広がるコットン畑を見ながら、辻さんから衝撃的な話を聞いて、息がつまるほど驚いた。インドでコットンを栽培する農家さんに、自殺者が増えているというのだ。原因は、ＧＭコットンとも呼ばれる〝遺伝子組換えコットン〟。「生態系も狂わす遺伝子組換えが、一番恐ろしい」と、辻さんは真剣な眼差しで話をつづける。

遺伝子組換えというのは、遺伝子そのものを操作して、本来持たない新しい機能を生物のなかにつくりだす技術のことをいう。作物であれば、果実を多く実らせたり、除草剤に耐えられるようにしたり、作物自体を殺虫効果のある性質に変えてしまうこともあるそうだ。遺伝子組換えされた作物は、コットンのほかに、大豆やトウモロコシ、小麦などがあり、アメリカをはじめ、中国、カナダ、ブラジルといった、広大な土地を持つ国でさかんに生産され、日本にもその作物や加工品が輸入されている。

遺伝子組換え作物が人体へもたらす影響は、賛否両論あるらしい。わたし個人は、何にせよ自然のままが大好きなので、食べものに関しては、〝遺伝子組換えでない〟(*)という表示があるものを、できるだけ選んで購入してきた。

けれど、辻さんの話を聞いていると、これはもう、個人の好みや健康だけの問題ではすまされない、と思った。

遺伝子組換え作物をつくる最大の目的は、「手間ひまかけずに収穫率をあげて利益を得る」こと。広大な土地に種を蒔いたあと、除草剤に耐えられるようにつくり替えた作物には、作物以外の生きものを全部殺してしまう、特殊な除草剤を散布しながら育てる。そのため、畑と畑周辺の大地の生態系は、一気に狂う。畑のまわりで暮らしている人びとにも、アトピーのようなアレルギー反応や癌などの健康の問題が増えているそうだ。

* 遺伝子組換えされた商品のすべてのものに「遺伝子組換え」の表示があるわけではない。

遺伝子組換えコットンは、コットン自体を殺虫効果のある性質につくり替えているため、手摘みで収穫するひとの手の爪が奇形しはじめている、という話も聞いた。商品を選び購入することは、その商品だけでなく、生産者を応援することにもなる。わたしが普段身につけている服が、そんな環境を応援していたことを知ると、ショックで言葉を失った。

インド国内ではコットン総生産量のうち約95％、全世界では約80％が遺伝子組換えコットンと言われているそうだ。わたしたち人間を含めて、自然は多様性があるからこそ美しく、バランスをとりながら命のバトンを渡していける。遺伝子組換えされた作物の育てかたや生産量を聞くと、地球の未来が心配になる。オーガニック・コットンの値段を高いと感じていたが、地球規模の長い目で見たら、ぜんぜん高い値段ではない、と思った。

なぜ、遺伝子組換えコットンが自殺の原因かというと、それは、お金の問題に繋がっていた。遺伝子組換えコットンの種は、通常のものより3倍ほど高値だが、作物自体に殺虫効果があるため、農薬の量が減り、その分のコストダウンが見込まれていた。ところが実際は、パワーアップした害虫の出現で、農薬の量は増え、収穫率が減ったうえに繊維の質の低下によりワタの単価がさがった。出費が増え、収入が減った農家さんは、種を購入したときの借金の返済がままならなくなり、自ら命を絶つようになる。1日3人の自殺者が出た村もあるそうだ。

ペマさんに、チモン村で育てている作物が虫に食われたとき、どうしているかと尋ねてみると、虫に食われることなんてあたり前だ、とでも言うように「しかたない」とひと言だけ返ってきた。その返事を聞いて、ホッとした。と同時に、そんなふうに答えるペマさんや村びとたちのことを改めてすごいと思った。チモン村は自給自足をしている村で、コットンはこれから村の生活を支えるかもしれない大切な作物。それが虫に食われても「しかたない」と言えるのは、あるところでは楽観的な部分を持ちつつも、自然を受け入れられる本当に強いこころがあるからだ。

日本からの参加者は、思い思いに花やコットンに触れ、写真を撮っていた。目の前のコットンは、葉の色やワタの大きさにばらつきがあるけれど、遺伝子組換え作物の実態を知ると、その不揃いさがたまらなく愛おしく感じられた。地球を救う〝白い天使〟に見える。

ペマさんは、白いワタを口の下にはさみ、白ひげを生やしてみんなを笑わせた。畑のまわりを静かに歩いていたペマさんのお父さんは、ゴマの収穫が気になるのか、手のひらに小さなゴマを集めてみんなに誇らしげに見せていた。

コットン畑を堪能したわたしたち一行は、お昼ごはんを食べるためにペマさんのお父さんとお母さんの家の中庭を目指した。来た道を戻りながら、改めてチモン村の風景を眺めてみると、畑にはいろんな種類の作物が植えられ、その彩りは、どれだけ眺めても見飽きることがなかった。

米以外は自給しているという村だけあって、平地だけでなく山の斜面にも、いたるところに畑がある。大根、じゃがいも、大豆、かぼちゃ、かぶ、しょうが、アマランサス、パイナップル、トマト、キャッサバ、サトウキビ……。小径の脇の木には、おもてなし第3弾のときに花がさしてあった、グレープフルーツのような大きな柑橘がぶらさがっている。

目に映るものが食べられるものばかりだと、歩くたのしさが数倍高まる。食べられるものを見つけるたびに、日本の住宅街でも、公園や庭といった身近な場所に、もっと食べられるものを植えたらいいのになぁ、と思った。四季折々の恵みを自然から直接いただく感覚は、わたしたちにとって、失ってはならない大切な感覚のように思えた。

ある小さな家の裏庭を通りかかったとき、ペマさんのお父さんが、いきなり木に手をかけて登りはじめた。細い木を軽やかに登っていく姿を「はぁ～」と見とれていると、鈴りのみかんを次々ともぎとり、ゴの懐におさめていった。まるで猿（失礼！）のように素早いお父さんの足さばきから、ゴが膝丈しかない理由はここにあったたか、と妙に納得していると、木からスルスルと下りてきて、微笑みを浮かべながらみかんを手渡してくれた。お父さんの見事な動きに、カメラのピントは追いつかない。

みかんの木の後ろには、大きなクルミの木があった。落ちていた実を拾いあげて石に叩きつけてみても、クルミの殻は固くてなかなか割れない。ようやく殻が割れたときは、なかの実も砕けてしまった。そのクルミを頬ばりながら、澄んだ青い空と、ヒマラヤの山々を眺める。目の前には、一面に広がる桃色のソバ畑。まるで桃源郷を思わせるような風景を見ていると、いま、目の前に龍があらわれても、ぜんぜん不思議ではないと思った。

色とりどりの美しい風景に囲まれ、手を伸ばせばそこらじゅうに安心して食べられるものがあることに、何とも言いようのない幸せを感じた。お父さんがもぎってくれたみかんを握りしめながら、食べものの豊かさが、こころのゆとりに繋がっているんだなぁ、と思った。そして、そのこころのゆとりが、幸せを感じるこころと繋がっているのだろう。

チモン村には農薬自体がないので、食べものはすべて完全オーガニックである。どこか遠いところから運ばれてくることもないので、新鮮そのもの。収穫後に日持ちさせるための薬がかけられていることもない。

オーガニックというと、わたしたちは何やら特別な印象を抱いてしまうが、除草剤などの農薬を撒かず、遺伝子の操作もなく〝普通〟につくられたものがオーガニックである。ということは、この村でこれからつくろうとしているコットンは、〝普通〟のコットンだ。チモン村を歩きながら〝普通〟が一番いいと思った。安心してたのしい暮らしをつづけていく秘訣は、目新しいものではなく、やっぱり〝普通〟のなかにあるのではないだろうか。みかんの木の家の住人にご挨拶して、農具置き場の横を通って小径に出ると、そこにはハット帽をかぶり、ゴを着せられた案山子《かかし》がひっそりと立っていた。日本でもおなじみの案山子だが、ブータン版案山子のいでたちに、思わず目が釘づけになる。

しばらく小径を歩いていると、鍬《くわ》を持って庭のかたすみを耕している、坊主頭の小さな男の子に出会う。チモン村の子どもは、よくお手伝いをする。「おりこうだねぇ」と褒めると、男の子はさらに鍬を力いっぱい振りあげて土を掘った。

庭の横にある東屋のような空間では、男の子のお母さんがザルに小豆を広げていた。ペマさんがお母さんに何か話しかけると、お母さんは裏の畑から、乾いた草の束を両手いっぱいに抱えてきた。サヤから小豆をとり出すところを見せてくれるという。

まずは、大きなザルに草を置いて、草と草を大雑把に手でこすり合わせる。そのあと、草の上に乗り、リズムよく踏んでいくと、草はみるみる細かくなっていった。細かくなるときに、小豆がサヤから落とされていくようだ。小豆が落ちたところで草を払いのけ、ザルをリズムよくすくいあげながら細かな草の小片を飛ばしていった。ペマさんのお父さんの木登りも速かったが、こちらのお母さんの手仕事も速い。右手でパンパンとザルを叩くと、あっという間に、小豆だけがザルに残った。赤茶色の小豆のなかにはグリーンや黒っぽい色のものもあり、小粒だったが、ツヤツヤと光ったおいしそうな小豆だった。

一行は、これまたほかの民家を横切って近道をする。庭に勝手に入ったり、みかんをもぎったりしても、村びとは笑顔で挨拶するだけで誰もとがめたりしなかった。日本と違って、特にわるいことではないようだ。

チモン村には、家と家の間に塀らしきものは見あたらない。庭で畑の柵をつくっていた村びとに家の境界線を尋ねてみると、村びとは少し離れたところにあるサッカーボールくらいの丸い石を指さした。その石が、境界なのだ。

何か印がついているわけでも、深く埋められているわけでもない。持ちあげようと思ったら、子どもでも持ちあげられそうな石だった。ただ、ゴロンと転がっているだけの普通の石を見下ろしながら、「平和だなぁ……」と笑みがこぼれた。


中庭に到着すると、お昼ごはんの用意が整っていた。今日のごはんは格段に豪華で、テーブルの上には、大きな器が10個も並んでいる。フタをあけると、大根、トウモロコシ、小豆、じゃがいもなどを使った、おいしそうな料理がぎっしりと入っている。

フタのない器には、フタの代わりに大きな丸い葉がのせてある。そうそう、こういうのがいいのだ。わたしたちの暮らしは何かとラップに頼りがちだけど、本当はこれだけで十分。柵をつくるときに草で編んだものをロープにしたり、自然のなかにあるものを生かしたチモン村の暮らしぶりは、わたしが学びたいことばかりだった。

食べたいものを順番によそっていくと、皿はすぐにいっぱいになった。そのなかには、チモン村に来て、美しいソバ畑を見てからずっと食べてみたいと思っていた、念願のソバ料理もある。ブータンのソバは、押し出し式でつくられた太いスパゲティのような麺だった。予想外のソバの形に驚いていると、それをバターで炒めたものが出されて、二重にびっくり。このソバが、今回の旅で唯一、言葉では説明しきれない微妙な味だった。おいしいとも、おいしくないとも、はっきり言えない。口のなかに入れると、どうしてそうなるかわからないのだが、何かを〝考え込んでしまう〟味がした。

ごはんを食べ終わると、木の実を使ったゲームが始まった。50センチもある大きなサヤからとり出した、4センチくらいの、茶色いぺったんこの丸い実を使っている。ペマさんが「この実は毒があって獲物を殺すときに使うんだよ」と教えてくれた。一瞬ドキッとしたが、そこは自然の達人。チベット仏教圏でこのような言葉を聞くとは思わなかったけれど、自然とのつき合いかたを熟知していないと、そんな危険なものには触れないはずだ。

さて、このゲームは、5メートルほど離れたところに適当に実を置いて、弾き飛ばした実をぶつけるというものなのだが、手玉になる実の握りかたのコツがつかめない。ソナムは見事に実にあててガッツポーズをしていたが、わたしはその横で、村びとに教わりながらひたすら握りかたの練習。左手のひと差し指で実の半分を包み、右手のひと差し指で残り半分を包みながら思いきり弾く。村びとはいとも簡単そうにやるのだが、わたしは何度やっても、木の実が目の前で転がるだけで終わってしまった。

誰かが木の実にあてると、歓声が起こった。その声を聞いていると、2か月前、タイの山岳民族、カレン民族の家を訪ねたときの記憶が蘇ってきた。自然が豊かな土地へ行くと、大人が子どものように笑いながら、遊んでいる風景を見かけることがある。カレン民族もそうだった。タイの山奥で、カレン民族の青年と、子どものように笑いながら草で遊んだ日のことを懐かしく思い出した。日本では、こんな経験ってなかなかない。

わたしが子どもの頃、「もう、お姉ちゃんなんだから」と両親にたしなめられることが何度もあった。そう言われるたびに、しっかりしなくちゃと自分に言い聞かせて、子どもっぽい遊びをやめたり、あるがままの感情を出すのを我慢したりしながら、大人になろうと努力してきた。

けれど、よくよく考えてみると、そんな窮屈な大人になる必要は、どこにもないのだ。チモン村で木の実を使って遊んでいる大人たちの笑顔を見ると、大人って、こんな感じがいいなぁ、と思えてしまう。大人が無理に大人らしく振るまっている姿を見ても、あったかい気持ちにはあんまりなれない。無責任に自由に過ごしてもいい、というわけではないが、遊んだり、泣いたり、怒ったり……子どものような素直なこころを持った大人がたのしく過ごせる環境は、間違いなく〝平和〟だ。そして、この平和な環境こそが、幸せを感じるこころを育んでくれるようにわたしは思う。

ゲームをひとしきりたのしむと、午後は、チモン村の小学校を訪問することになった。チモン村の子どもたち、と思うだけで、つぶらな瞳が目に浮かんできて顔がニヤける。

チモン村は、朝晩は真冬で、昼間は初夏のような暖かさになる。脱いだジャンパーを泊まっている家に置きに行くと、朝、刃物を研いでいたおじさんの後ろ姿が見えた。声をかけると、削っていた棒が、手仕事とは思えないほどツルツルの丸い棒に仕上がっていた。四角に削っている先端の部分を、もうひとつのパーツにはめ込んでみると、見事ピッタリ。言葉が通じないので何をつくっているのかはわからなかったけれど、おじさんの素晴らしい手仕事に、拍手！

小学校は、オーガニック・コットンの畑とは逆の方向にあった。小径を歩いていると、家の横にある半屋外の空間で、機織りをしている3人の女性の姿を見かけた。

そのなかのひとりは、耳の聴こえない若い女性だった。チモン村には、なぜか障がいを持って生まれてきたひとが多く、そのひとたちは名前ではなく、男性はヨンマ、女性はヨンミンとみんなから呼ばれていた。ペマさんの説明によると、ヨンマやヨンミンには、バカとかマヌケとかの意味が含まれるそうだ。そんなひどい名前で呼びかけるなんて！　と腹を立てそうになるが、チモン村ではこの言葉の捉えかたが、どうも違うようなのだ。

障がいを持って生まれたひとは、普通に生まれてきたひとにはない、特別な能力を持っている、と思われている。ある部分では、普通に生まれたひとより劣っているところがあるかもしれないが、ある部分では、普通のひとより遥かに長けたところがある、ということだろうか。また、彼、彼女らはヨンマ、ヨンミンと呼ばれることに誇りを持っている、とペマさんは言った。

機織りをしているヨンミンは、黒地の布を織りながら、その布に黄色の糸で美しい刺繍を施していた。機織りしながら同時進行で刺繍をする女性に会ったのは、今回チモン村を見学したなかでは彼女ひとりだけだった。

手を振りながら別れを告げると、彼女は照れながらも笑顔になった。そして、きりりと引き締まった表情になると、再び細い糸に視線を戻して手を動かした。

ヒマラヤを背に咲くコットンの花。生まれて初めて見たこの花は、色といい花弁の薄さといい、同じアオイ科のオクラの花にそっくりだった。このワタが、糸となり、布となり、服になる。遺伝子組換えでもなく、農薬を使わず育てたワタは、いまでは貴重な素材だが、それもチモン村では“普通”なものであるのが嬉しかった。

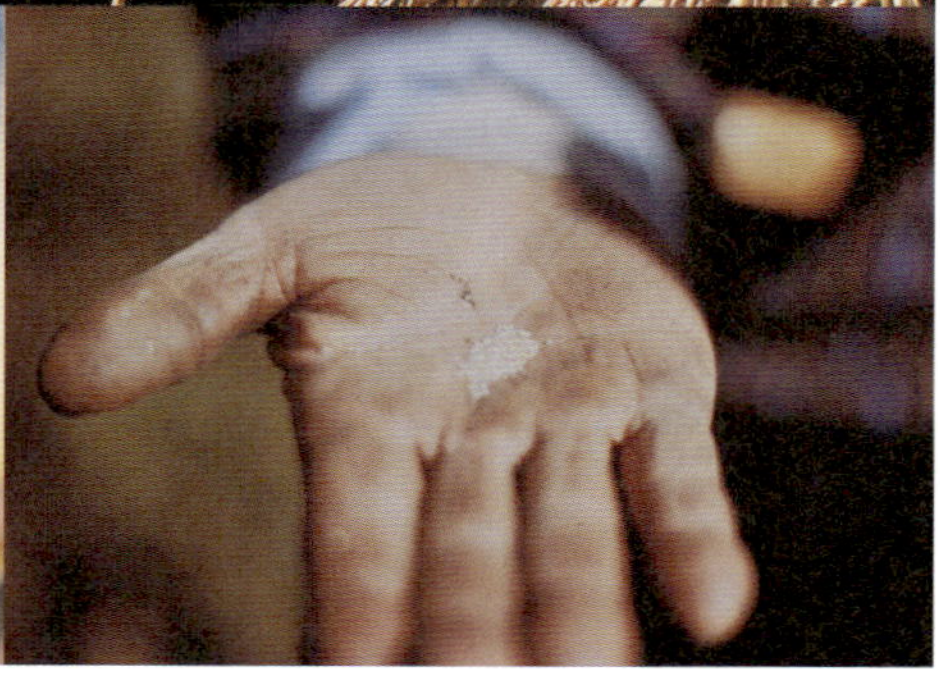

ペマさんのお父さんは、木によじ登ってもぎったみかんをゴの懐におさめた。乾かしているゴマの横に座り込むと、サヤを振って白ゴマを手のひらに集めて見せてくれた。たまたま通りかかった家のお母さんは、手と足を使って小豆をサヤからとり出している。日本でも馴染みのあるゴマと小豆の収穫方法を、チモン村で教えてもらった。

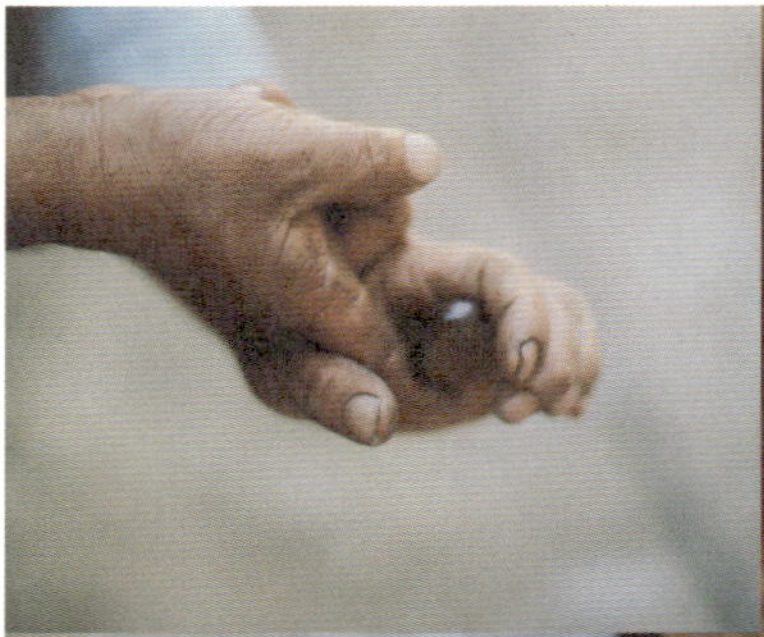

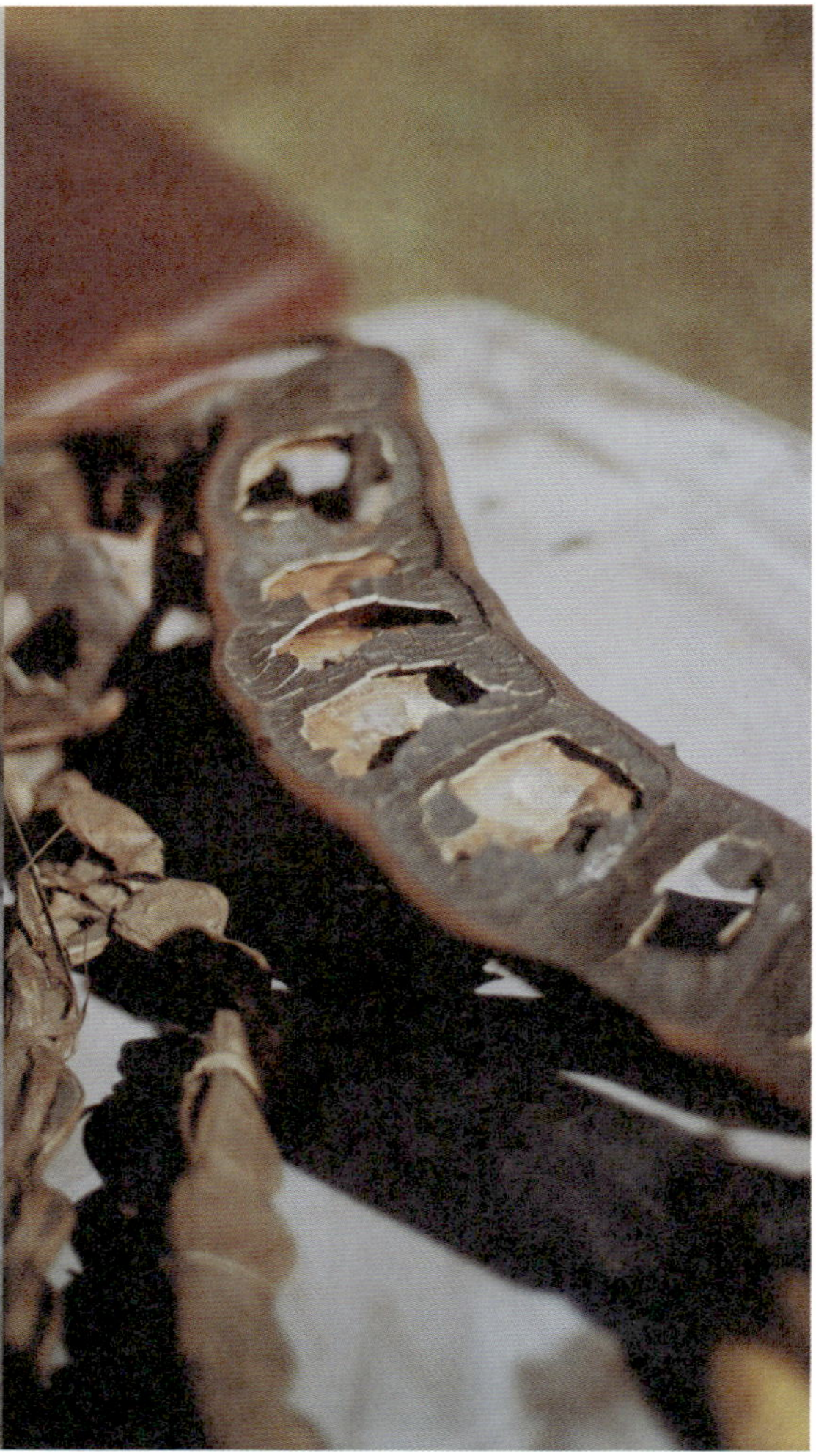

村びとたちは、自然の恵みを上手に使い、あるものでたのしく暮らしている。遊び道具に、大きなサヤに入った木の実が登場。村びとに木の実を手ではじき飛ばす方法を教えてもらった。荷物の入った箱は紐でしばって背負い、屋根や柵を固定する材料は植物を使う。シンプルな暮らしぶりが、彼らの気負わない優しさに繋がっているように感じた。

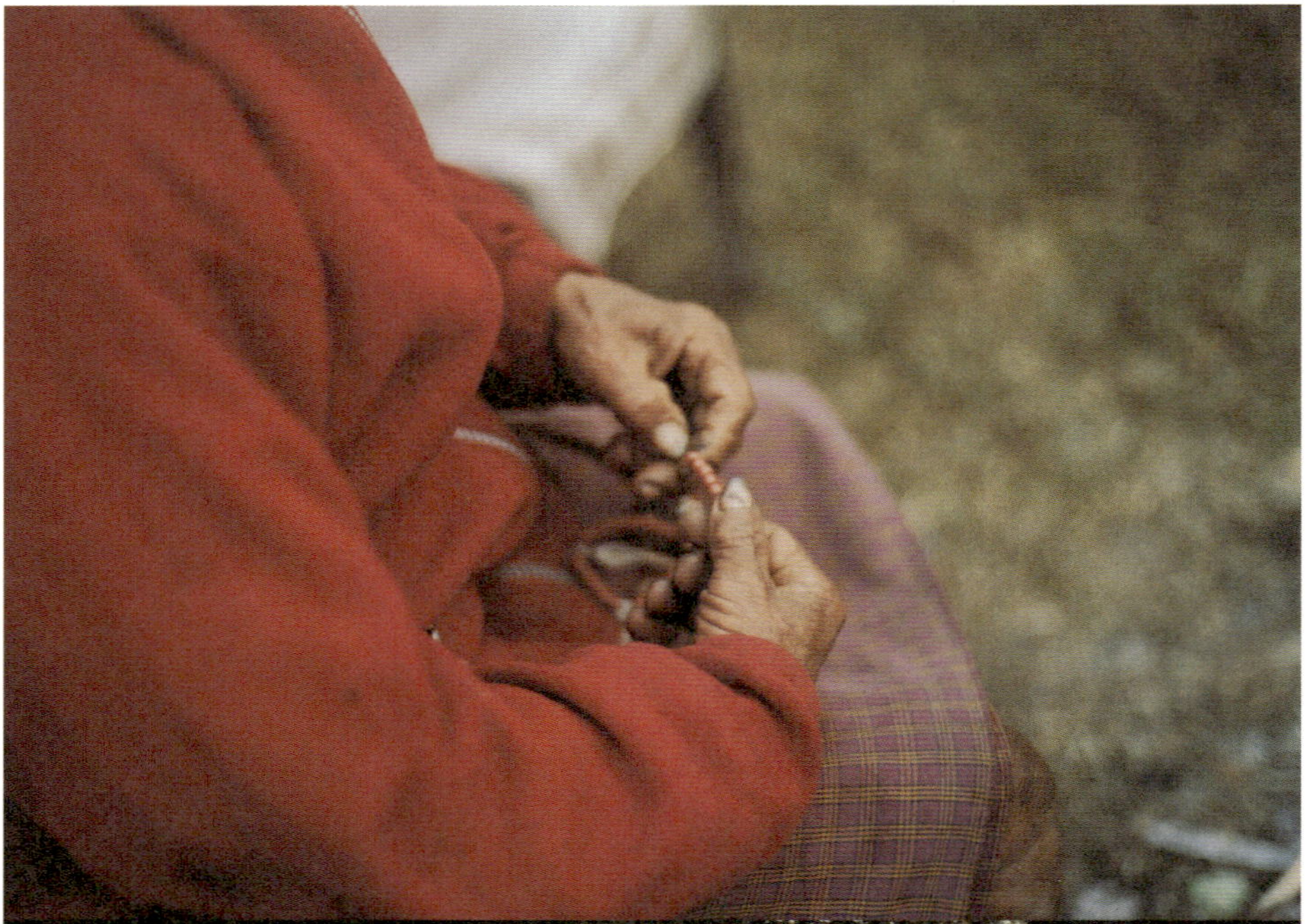

先頭を歩く、ペマさんのお母さん。来たときと同じように1列になりながらチモン村を後にする。ふざけて大声をあげる村びとの言葉をわたしたち日本人が真似すると、笑い声に包まれた。旅の無事を祈る村びとと握手をかわして別れ、新しくできたばかりの道路に待機していた車に乗り込み出発した。

チモン・ラカンの境内にある木は生命力に溢れている。車でチモン村を目指している途中、この木が山のてっぺんに立っているのが遠くに見えた。

青々と茂る大根畑で農作業をするおじさんと挨拶をかわし、あぜ道のような小径を歩いていくと、小学校に到着した。階段を下りたところには5色のダルシンが立てられ、屋根つきの立派なマニ車があった。小さな村の小さな学校というイメージは、あっけなく覆された。広い敷地のなかに、堂々と白壁の校舎が建っている。

まずは、校長先生を訪ねてご挨拶をする。プルパ校長先生はまだ30代ではないだろうか。若くてハンサムで、奥さまお手製のオーガニック・コットンのゴを着ていた。

プルパ先生から、学校が創立25周年を迎えたことを聞いた。全校生徒は65名。チモン村では、シャチョップというブータン東部の言葉が使われているため、世界とやりとりができる教育を目指して、授業ではすべて、英語かゾンカで子どもたちの質問に答えているそうだ。

さっそく子どもたちみんなが集まっているところへ行くと、ツアー参加者の画家の女性が、子どもたちに折り紙を配って折り鶴を教えた。低学年生には難しいのではという心配をよそに、子どもたちは全員、カドとカドを器用に揃えて難なく完成。そして、折りあげたばかりの鶴を机の上に置いた子どもたちは、国王を迎えるときにも歌われるという歌を、わたしたちにプレゼントしてくれた。腹の底から響いてくる元気な歌声に聞き入り、感動して思わず涙がこぼれそうになる。

わたしたちは「かえるの合唱」を歌い、輪唱のおもしろさを披露した。そして、その後やっぱり歌ったのだった。わたしたちが小学生だったあの頃に覚えた、「ふるさと」の歌を。

兎追いし　かの山
小鮒釣りし　かの川
夢は今もめぐりて
忘れがたき　ふるさと

わたしの知っている山にウサギはいないし、子どもの頃に、川へコブナを釣りに行った記憶もない。なのに、どうしてこの歌は、ふるさとへの思いをありありと蘇らせてくれるのだろう。

わたしたちのふるさとは、近代化の波に乗り、右肩あがりの経済発展のために、自然の風景を変えてしまった。くわえて、東日本大震災によって引き起こされた原子力発電所の事故をきっかけに、かけがえのない大地を放射能で汚してしまった。そういった背景もあって、わたしたちは声をひとつにして、喉の奥を震わせながら「ふるさと」を歌った。折り紙を配った彼女が、英語で「この歌は、わたしたちのこころにある、チモン村のような美しいふるさとを歌った歌です」と説明した。微笑みを浮かべる彼女の目には、涙が溢れていた。

チモン村の小学校を見下ろす山には、電線が引かれている。村のあちらこちらにも電信柱が立ち、電気が通る準備は万全のようだ。

電気が通っても、いまのこの風景がどうか変わらないでほしい。そんなふうに願うのはわたしの勝手だと思いつつも、子どもたちの笑顔を見ると、そう願わずにはいられなかった。森が削られたり、新しい道路ができて古い建物が壊されたり、これまでわたしが見てきた近代的な風景の変化には、そこに暮らす人びとのこころの変化と繋がっているものがあるように感じることがあったからだ。

子どもたちに、どんなときに幸せを感じるかと尋ねてみると、「お手伝いをしているとき」が圧倒的に多かった。そのほかに「勉強」や「歌」がつづいた。子どもたちは、目新しい特別なことではなくて、目の前にある日常的な時間のなかで、幸せをめいっぱい感じているようだった。

外に出て、全員で記念撮影をする。はじめは緊張しておとなしくしていた子どもも、わたしたちが帰る頃になるとすっかり打ちとけて、最後の最後まで大きく手を振って見送ってくれた。

帰る間際、チモン村に到着したばかりの夕暮れどきに会った、子守りをしていたあの女の子と目が合った。とっさに歩み寄り、日本語で「昨日はどうもありがとう」と話しかけた。意味なんか通じないのはわかっている。けれど、女の子と会えて過ごした僅かな時間がとても嬉しかった、その気持ちを、声の力で彼女に伝えたかった。

チモン村の大地を歩き、村びとたちと挨拶をかわし、子どもたちの笑顔を見ながら歌を歌った。子どもから大人まで、村びとたちと交わる時間を持ったあと、改めて山々に囲まれた風景を眺めてみると、チモン村のことがどうしようもなく好きになっているのがわかった。

その気持ちがより、わたしたちのこころを熱くさせたんだと思う。今夜は、村びとたちとたのしい宴を開こうという計画もあったのだが、再び火を囲んで意見交換をすることになった。話の内容は、オーガニック・コットンをこれからどうやって発展させるか。チモン村の未来を思いながら、真剣に考える時間になった。

チモン村、最後の夜

昨晩より大きな薪が燃やされた。薪が大きいぶんだけ、火も大きく燃えあがっている。いつもの中庭で、焚火を囲みながらごはんを食べ終わると、辻さんを中心に話し合いの時間がつくられた。自給自足で満たされている村に電気が通ると、電気代をはじめ、現金収入はより必要になる。現金がつくれない村びとは、村から離れ現金を得られるところで働きはじめる。そうすると、村は過疎化が進み、村で受け継がれてきた伝統的な文化は失われてしまうこともある。これは、世界中どこにでもよくある流れだ、と辻さんは言う。村のお寺、チモン・ラカンの静かな空気を思い出しながら、わたしは辻さんの言葉に耳を傾けた。

くり返しになるけれど、チモン村が過疎化しないためのひとつの方法として、オーガニック・コットンを復活させようというのが、辻さんの提案だった。その方法を考える前に、一家の暮らしにどれだけの収入が必要なのか、村びとたちに聞いてみる。村びとがいまお金を出して買っているものは、米、塩、調味料、油、石けん、服……など。お金はないのも困るが、たくさんあればいいっていうものでもない。ペマさんのお父さんたちを囲みながら、コットンで糸を紡いで商品をつくる話をしていると、あっという間に夜が更けた。宴のために集まってきた村びとのなかには、椅子に座ったままのわたしたちの様子を見て、宴はないものと諦めて家に帰りはじめるひともいる。

今夜が、チモン村で過ごす最後の夜だ。明日の早朝には、この村を発たなくてはいけない。そう思うと、残り少ない滞在時間をたのしく過ごしたいところだけど、村の現状を知り、これからの方向性を村びとと一緒に考えることも、とても大切なことだった。村の未来は、村びとたちで決めていったほうがいい。けれど、遺伝子組換えされた作物を何も知らずに育て、大変な思いをしているインドの農家さんのことを思うと、道路が通り、情報や物資が流通する前に、事実を彼らに伝えておきたい。チモン村の村びとは、オーガニックという言葉も遺伝子組換えの存在も何も知らないのだ。

引きつづきそうした話を村びとにしていると、少し離れたところで太鼓の音が鳴り響いた。顔をあげて、わぁっと歓声があがったほうを見ると、チモン・ラカンで見た赤い鬼の仮面をかぶった村びとが、マントを振りあげ、くるくる回りながらこちらに向かってくるところだった。

鬼は、焚火のところまで来ると、火のまわりを太鼓の音に合わせて踊りはじめた。火に照らされた鬼の表情は迫力満点。炎すれすれにマントが舞うたびに、わたしはマントに火が燃え移ってしまわないかとドキドキした。けれども、鬼のお尻をつき出す振りがおかしくて、みんなと声を合わせてゲラゲラと笑った。太鼓のリズムが速くなると、鬼の回るスピードも速くなった。さっきまでの真剣な表情から一転、笑顔になったわたしたちは、鬼の動きに合わせて手を叩き、声をあげてはやしたてた。

鬼の出番が終わると、わたしたち日本人も椅子から立ちあがり、村びとにまざりながらひとつの輪をつくった。見よう見真似で、手を振り足をあげて、火のまわりを回りながらみんなで踊った。歌う声、笑う声、手を叩くリズムを聞いていたら、お酒も飲んでいないのに、酔っぱらったような解放感に包まれてきた。わたしは靴を履いていることに違和感をおぼえて、裸足になった。そうすると、大地の力が足もとから伝わってきて、恥ずかしさや気後れしてしまうような気持ちが、どこかに吹き飛んでいった。こんなに清々しい気持ちを味わったのは久しぶりだった。

道路や電気が通り、お金がなければ生活が成り立たない社会の日本で、与えられた責任をきちんと果たしながら日々暮らしているひとは、多かれ少なかれ、つらい思いや怒りを抑えたり、無理をして頑張りすぎてしまうことがあるように思う。「それはおかしいんじゃないか」と思っても、これまでずっとそうしてきたことや、みんながやっていることなら、何も感じないフリをしてやり過ごしたり。自分の気持ちよりも、まわりの目を意識したり、見栄を張ることもあるかもしれない。

そんなふうに過ごしていくと、わたしたちは知らず知らずのうちに、こころのなかの傷つきやすい部分に〝壁〟をつくってしまう。この〝壁〟は自分の繊細な部分を守る一方で、こころ本来の伸びやかさをふさぎ、ストレスの原因になっている。

ストレスは、現代人の体の不調や悩みの原因でもあるけれど、わたしたちがいま抱えている問題は、〝壁〟の存在そのものよりは、むしろ〝壁〟を壊すタイミングを失っていることだ、と思った。わたしたちの暮らしは、スイッチひとつで温かい風呂に入り、部屋を暖めることも、涼しくすることもできる。便利で、とても快適だ。けれども、便利さと引き換えに、火の存在を遠ざけ、みんなで輪をつくる機会を減らしてしまった。このことが、こころの〝壁〟を壊すタイミングを失わせていたと、村びとを見ながら思ったのだ。

火を囲んで輪のなかで踊っていると、日本で暮らしていたときにわたしのこころをふさいでいた〝壁〟がスッと消えて、こころのなかに風が吹いたような気がした。その風を感じると、こころの底から笑えてきた。隣で踊っている村びとが、どこの誰だかさっぱりわからないのに、とても愛おしく感じられた。

人間は何だかんだ言って、家族がいて、たくさんの友人に囲まれてたのしく暮らしていても、結局はひとりで生まれ、ひとりで生きている……と感じることがある。けれど、たとえひとりきりで生きていても、ひとりひとりが集まると、こうやって輪をつくることができる。たったそれだけのことと言えばそれだけのことなんだけど、みんなでつくる輪のあったかさを感じながら、笑った瞬間「ああ、わたしはなんて幸せなんだろう」そう、思った。

チモン村1日目の夜、村びとに質問をさせてもらった。そのときの話でわたしは初めて、ブータンには身分制度があり、例えば、階級によってゴの袖の白い部分の長さが違うことを知った。チモン村にも身分の違いはあり、ペマさんや、小学校の校長先生の袖の白い部分は長い。「最近になって下の身分のひとは曖昧になっていますが、結婚は同じ身分のひととします」と、ペマさんは言った。ペマさんの家は名家だそうだ。

ブータンに憧れを抱いてきたわたしは、そのような話にショックを受けた。そしてとっさに、身分の違いがあるなかで、村びとたちが「幸せ」と言っているのは本当だろうか？と疑ってしまった。平等があたり前とされている日本に暮らしていると、身分の違いは、お金がないひとに不憫な環境をつくってしまうように思えたからだ。

村びとたちが使っている水を運ぶタンクはうす汚れているし、おんぶ紐には繕いがたくさんある。寒くてもほとんどのひとが素足で、足のかかとは、象の肌のようにカチコチになっている。この村には、お金のあるなしで言えば、お金のない暮らしをしているひとが多いのだ。

それでも、たのしそうに暮らしている村びとたちを見ると、彼らの幸せを疑ったことは一瞬で忘れてしまったが、みんなでひとつの輪をつくり一緒に踊っていると、わたしの考えかたにそもそも問題があることに気づいた。

身分が高いひとを特別な目で見たり、身分が低く、お金がないというだけで可哀想と同情したり。わたしの頭は、お金の所有や身分の違いで、どこか人間の価値まで判断しているところがあったのだ。身分の違いは、幸せの基準にはまったくならないし、わたしたちの個性と同じように、ただの違い、本当はそんなふうに見るものかもしれない。何かをとり行うときに、立場の違いはたしかに存在する。けれど、それを例えば、命令するひとが上で、現場で働くひとが下というふうに、〝上〟〝下〟にわけて見なければ、身分の違いで不幸なひとは生まれないことを、村びとの笑顔は教えてくれた。

ひとと比べない。あるがままを受け入れながら、おおらかに生きる。

つまり、彼らの幸せを感じる秘訣はこれなのだ。実際、ペマさんから「ブータンのひとは他人を羨ましがることをしない」と聞いた。あのひとのほうが肌が美しいとか、自分よりいい仕事についたとか、何にしても、比べないそうである。

チモン村を歩きながら、もうひとつ、幸せを感じる秘訣に気づいたことがあった。それは、〝自分自身を愛する〟ことだ。

チモン村では、皿洗いや配膳など、村びとにそれぞれの役割が与えられていた。ないものを無理して個々でつくろうとせず、それよりも、持っているひとから補って、調和をつくることを大切にしながら暮らしているように見えた。与えたり、与えられたりしながら得た役割は、自分の居場所や、生まれてきた意味を感じさせてくれるものではないだろうか。生まれてきた意味を感じることは、自分の存在を愛することに繋がっているように思う。自分自身を愛する——、これなくして幸せを感じることはできないだろう。

笑い、歌い、踊り、チモン村最後の夜は賑やかに終わった。裸足で大地を踏むと体の細胞のひとつひとつが生き返るのか、昨晩ほどヒマラヤの寒さを感じなかった。

チモン村を出発

火を焚く音。水を汲む音。鶏の鳴き声。チモン村3日目の朝も、音で始まった。

チモン村の村びとは、女性も男性もみんな本当にイキイキと体を動かして働いている。階段を下りると、昨日と同じように、水道のところで奥さんが牛の餌の準備をしていた。目が合うと、奥さんはニコリと微笑んだ。

昨晩、歌って踊った宴の後に、2次会的な小さな宴を開いたのだった。泊まっている家の奥さんと旦那さんと小学1年生の男の子と、わたしを含めた日本人女性4人が、離れにある台所に集まった。アラやバター茶をいただきながら、日本から持ってきたお土産を渡したり、旦那さんと奥さんのなれそめを聞いて盛りあがっていた。

6畳ほどの真っ暗な台所には、ふたつ穴の開いた竈《かまど》があり、火が焚かれていた。そこに7人がきゅうっと集まると、まるで家族の団らんのようだった。竈の前には、子猫が丸くなって眠っている。

話の途中に、わたしはうっかり、唐辛子を触った手で目をこすってしまった。旦那さんが慌てて水道から水を汲んできて、ヒリヒリ痛む目を洗うために、何度もわたしの手に水をかけてくれた。同じ作業をくり返すうちに、何とか難を脱出。そんなエピソードもあったせいか、今朝の奥さんの微笑みには、より親しみを感じた。

男の子は学校へ行き、旦那さんは不在だったので、奥さんだけに別れのご挨拶をした。持ってきたすべての荷物を担いで中庭へ向かうと、空気がざわついている。わたしたちの出発を見送るために、村びとたちが集まっているようだ。

白くなった焚き火のあとを囲みながら、メンバー全員がごはんを食べ終わり、いよいよ出発のときが近づいてきた。そのとき、水道のところで昨日の朝会ったおばあちゃんが、わたしのところに駆けよってきて、1メートルもあるサトウキビとバナナチップの入った袋を手渡してくれた。水を運んだお礼だそうだ。バナナチップは市販のお菓子で、いま思うと、おばあちゃんにとっては貴重なものをいただいたように思う。食べかけだったのか、袋の口は開いていて、布を織るための黄色い糸で結ばれていた。

ペマさんのお父さんとお母さんと記念撮影をして、チモン村に別れを告げる。村びとがわたしたちの荷物を担ぎ、長い列をつくると、来たときと同じ道を歩き出した。今度は、ひたすら登り道である。

ジグザグに曲がった細い小径を登りながら、出会った村びとたちのことを思い出して、何度も何度も振り返った。まだ朝日のあたらないチモン村の家々は、登るほどに、どんどん小さくなっていく。

チモン・ラカンのお寺に到着すると、最後のおもてなしをいただいた。1年分はゆうに食べたつもりの、ゆで卵、みかん、バナナ、落花生も、チモン村を去ると思うと、ひと口ずつ味わいたくなってくる。

ペマさんが言った。

「わたしたちは、あるものに限りがあり、みなさんに十分なもてなしができなかったかもしれない。だけど、わたしたちのこころが届いていたら嬉しいです」

わたしたちを見送るおもてなしのために、村びとは昨晩からお寺に泊まり込んで準備をしてくれたという。形ではなく、こころで届けようとする村びとたちの気持ちは、一生忘れないほど受けとったと思う。

ここで、もう一度お寺のなかに入らせてもらった。一時はどうなるかと思ったカメラは、その後はずっと健在だった。1枚だけお祭りに使う仮面の写真を撮らせていただく。

石積みの外壁の横を通って、境内の外へ出る。乾いた小径を下りていくと、新しくできたばかりの道路に、わたしたちが帰るためのジープが待機していた。

ジープの横に並んでいる村びとたちと、ひとりひとり手を握って、別れを告げる。と、それまでずっと平気でいたわたしの目に、涙が溢れてきて止まらなくなった。村びとたちは、会って間もないわたしたちにも、まるで我が子が村から去っていくかのように、真剣に手を握ってきた。その慈愛に満ちた手の力に、胸を打たれた。チモン村は、たしかに物資の限られた村かもしれない。お金はないかもしれない。けれど、だからこそ残っている、目には見えない底なしの人間のあったかさを、手の力からひしひしと感じたのだった。

念仏のようなものを唱え、わたしたちの無事を祈ってくれている村びともいた。出会ったひとに、ありったけの気持ちをそそぐ村びとたち。その思いの強さに圧倒されて、ジープが出発してガタガタ道に揺られながらも、わたしは1時間ほど子どものように泣いたのだった。

2泊3日のチモン村の旅は、あっという間に終わってしまった。

けれど、短い時間のなか、この村で体験したことは、こころの奥深い部分にしっかりと根を下ろし、村びとたちの歌声や火の温もりを思い出すたびに、これからのわたしをいろんなところでそっと支えてくれるように思う。

比べない、あるがままを受け入れる、そして、こころに〝壁〟をつくらず、輪のなかで笑う――。チモン村で教えてもらった幸せの秘訣を胸に、ジープは次の目的地へ向かった。

旅はつづく

あとがきにかえて

チモン村を目指していたときと同じところで、ジープからバスに乗り換えた。わたしたちは、それから10時間を超える移動のすえ、織物の町、タシガンに到着。小さな宿に泊まり、翌日も朝早くから動きはじめ、ゾンと呼ばれる城塞建築の庁舎でツェチュ祭を観た。

ツェチュ祭は、美しいキラやゴを着たブータン人で溢れ返り、豪華絢爛な衣装をまとった僧侶たちによる仮面舞踏は見応え十分。けれども、チモン村のお寺にあったものと同じ仮面を見ると、こころにはチモン村の風景が広がり、火を囲んで踊ったことや、鬼の滑稽な動きに笑ったことが思い浮かぶ。暮らしのなかに入り込んで見るのと、ただの観光で見る風景では、こころの動きがぜんぜん違うことを感じたのだった。

ツェチュ祭を午前中で切りあげて、美しい棚田を車窓から眺めながら移動していると、たまたま障がい者施設の横を通りかかった。バスを降りて施設のなかを見学させてもらうと、そこは、自閉症などの知的障がいや身体障がいを持った子どもたちが、寝泊まりをともにしながら生活を送っている施設だった。

絵を描きたい子どもは絵を描き、機織りをしたい子どもは機織りをしている。自分の得意なことに没頭している子どもたちの姿を見ながら、わたしがブータンに惹かれる理由が、またひとつわかった。ブータンは命と対等に接し、立場の弱いものにこころ優しい国なのだ。日本では弱者と言われるおじいちゃんやおばあちゃん、障がいを持って生まれたひとたちにも、それぞれの役割をちゃんとこなせる環境がつくられているように見えた。

近代文明が生み出したものに囲まれたわたしたちの暮らしには、たくさんの情報があり、便利ないい面ばかりでなく、そうでない面もたしかにある。それは、わたしたちの国だけでなく、チモン村においても、あらゆるコミュニティにその両面は存在している。けれど、弱い立場にあるひとたちがイキイキと暮らしやすいのは、自然によりそいながらゆっくりと暮らしているチモン村のような環境ではないかと、やっぱり思う。

草花の世界では、都会であるほど、日本にももともと在来していた草花の姿は見られなくなった。硬いアスファルトや急な環境の変化にも耐えられるような、外来種の強い草ばかりが、都会には根を下ろしているのが現状である。けれども、わたしたち人間社会が、都会の草花のように強いものしか生きにくい環境であってはならない。

わたしのなかで、チモン村で教えてもらった幸せを感じる秘訣で最も衝撃だったのは、ペマさんのお母さんが言っていた〝死を迎える準備〟をしていることだった。たしかに〝死〟の存在を受け入れて生きると、〝生〟の過ごしかたは変わってくるものかもしれない。

「これで人生が決まる」と思いながら過ごすのと「次がある」と思いながら過ごすのでは、ものごとの受けとめかたや悩みの内容は、ぜんぜん変わってくるだろう。

日本で暮らしているわたしの〝死〟に対する

イメージは、病院で迎えるものであり、葬儀屋さんに仕切られていくものであり、日常とは離れたところにあり、寂しさを感じるものだった。けれど、チモン村では、もっと前向きに受け入れられているようだ。年老いたひとたちが誇り高く、たのしく暮らしている姿を見ると、将来に希望を感じ、ホッとする。わたしも年を重ねたら、ペマさんのお母さんのように、笑顔で、元気に、〝死を迎える準備〟ができる生きかたをしてゆきたい、そう思った。

ツェチュ祭を観た翌日、わたしたちはブータンから帰国した。インドとの国境を越えたところでペマさんと握手をかわして別れを告げ、インドのグワハティ空港でチェックインをすませると、ツアーの参加者はそれぞれの帰るべきところへ旅立っていった。

わたしは日本に向けて飛び立つ飛行機のなかで、自分の気持ちに驚いていた。自然と仲よく暮らしているブータンへ行ったら帰ってこないかもしれない……なんて友人に冗談まじりに話していたのだが、実際は、早く日本に帰りたくてしかたない気持ちになっていたのだ。チモン村が不便だったからではない。それまでの日本の暮らしも十分にたのしくやっていたのだが、チモン村で教えてもらった幸せの秘訣を胸に暮らしていくと、わたしの日常がどんなふうに見えてくるか、たのしみになったからだ。

沖縄の家に戻ったわたしは、インターネットでメールをチェックし、ガスで湯をわかし、ブータン滞在中には入れなかった温かい風呂に入った。チモン村ではできなかったことをやり、食べられなかったものを食べ、そして、これからの暮らしかたについて腰をすえて考えてみる。

たのしく暮らすことがとても大切だ。けれども、わたしたちの暮らしのなかで何か問題を見つけたとき、それと向き合わずに毎日を過ごしていいのだろうか？

いまのわたしの答えは「イエス」だ。

問題を無視していいというわけでは決してないが、それと向き合ってしんどい思いをするくらいなら、自分がたのしいと感じる暮らしをしていくほうがいい。もしも、こころから本当に向き合いたいと思っていること、やるべきことなら、悲観的になりすぎることなく向き合っていけるのではないだろうか。ペマさんは教えてくれた。「幸せをひとに与えれば与えるほど、自分が得ることになる」と。どんなに素晴らしいことを目指していても、悲しみや怒りといった不幸のもとになるようなことを誰かに与えれば、それは、いつか自分に返ってくるし、不幸の輪を広げてしまうことにもなるだろう。そもそも、しんどい気持ちで何かと向き合って、その問題が一時はよくなっても、持続可能ではないような気がする。チモン村を目指す山下りや、火を囲みながら笑ったあの時間のことを思うと、笑えない暮らしじゃつまらない。だから、そう、これからは、持続可能な〝笑える〟暮らしをわたしたちは求めていきたい。

もちろん、ときには怒ることだって大切だ。けれど、怒る気持ちがどうしようもなくしんどく感じるようなら、いまはその問題と向き合うタイミングじゃない、なんてこともあるかもしれない。あるいは、たのしく前向きな気持ちでできる、何かほかのやりかたがあるのかも。

目的がわからなくなり、一時はやる気を失っていた草花の仕事のことだが、これも思った以上に復活した。どんなふうな気持ちで、どうやって草花と関わっていこうと決めたかは、これからのわたしの活動を通してお伝えできたらと思っている。

キーワードは、草＝健康＝笑い＝平和です！


夢にまで見たブータンの旅。今回このような機会に巡り合わせてくださった、伊藤菜衣子監督に感謝の気持ちを申しあげます。それから、チモン村へ導き、様々な体験の場を与えてくださり、また、ツアー中、通訳してくださった辻信一さんには、言葉では伝えきれないほど感謝の気持ちでいっぱいです。本のなかでは紹介できなかったけれど、ブータンでの時間をずっと一緒に過ごした仲間にも、ありがとう。長い移動時間も、冷えたヒマラヤの夜も、志の近い仲間と一緒に輪をつくることができたから、笑いながらたのしく過ごせました。

遠く離れたブータンで今日も満面の笑みを浮かべているであろう、ペマさん、ソナム、車の運転をしてくれたドルジ、わたしたちを快く迎えてくださったチモン村の村びとたちにも、こころを込めてありがとう（カディンチェ！）。チモン村らしい村の発展と、村びとたちの幸せの輪がこれからも広がりつづけますように、海を越えた日本から祈っています。

わたしたちが過ごしている日常も、人生という長い旅の途中ですが、旅はやっぱりよいですね。初めて訪れたブータンにもかかわらず、本にまとめることをこころから応援してくださった三谷葵さん。わたしの見たものやこころの動きの表現に適切な助言をくださり、一生忘れられないくらい、最後までお力をくださったアノニマ・スタジオの渡辺由美子さん。丁寧に、そしてダイナミックにデザインしてくださった《STUDIO》の峯崎ノリテルさん、正能幸介さん。本当に、ありがとうございました。素晴らしい方々と本づくりができて、わたしは最高に幸せです。

最後に、この本を手にとってくださった皆さんへ、最後まで読んでくださりありがとうございました。わたしが今回、短い時間のなかで経験させてもらったことは、ブータンという国のほんの一部分の場所で、すべてがたまたまの巡り合わせだったと思います。チモン村は本文でも紹介したように、辻さんの特別な計らいがあって訪ねることができた、とっても小さな村です。なので、ブータンの旅を考えながら読まれた方にとっては、それほど参考にはならなかったかもしれません。でも、ブータンに行こうと思っていてもいなくても、この本を通してこれだけは感じていただけるのではないかと思います。

幸せは、ブータンにあるわけでもなく、遠い未来にあるものでもなく、目の前にちゃんと用意されているものだ、と。

２０１３年5月

沖縄の初夏の草を見下ろしながら

かわしまよう子

ペマさんの幸せ
―ペマさんの言葉より―

わたしは自分のために働くというより、自分が仕事で得たものを、ひととわかち合うことがたのしくて働いています。自分の人生は成功していると思っていますし、満足しています。

ですがその一方で、わたしの故郷、チモン村は、やはり物資やお金に恵まれているとは言えないところです。故郷に暮らす人びとと幸せをわかち合わずして、自分の幸せはないと思っています。自分が稼いだものを自分だけのものとして持っていたら、ティンプーに家を1軒建てていたかもしれません。そういう意味での成功はしていませんが、わかち合いをしてきたことで、自分では成功した人生だと思っています。

わたしには2人の息子がいます。息子たちに財産を残すつもりはありません。なぜなら、彼らの人生は、彼らの才能と運によってできているからです。

「手にする運命でないひとが貴重な金属を持ったら、その金属は溶けてしまうだろう」

ブータンには、こんな諺（ことわざ）があります。運命は握るべきでないひとが握るものではなく、握るべきひとが握る定めなのです。

もうひとつ、「一片の木のほうが、千の金よりも価値がある」という諺があります。これは、どんなに多くの富、お金よりも、教育のほうが貴重である、という意味です。子どもたちにお金を与えたら、泥棒に盗まれて富を失うかもしれない。しかし、知識や知恵は、何によっても失われることはありません。わたしはその言い伝えを信じて、子どもたちにはできるだけ、教育の場を与えたいと思っています。

わたしの家族はみんな幸せです。両親も幸せです。わたしの村のひとたちも友人も、わたしの知る限りでは、幸せを感じながら暮らしています。

幸せとは何かというと、どれだけひとに与えられるか、ひとを幸せにするために、どれだけのことができるか、ということではないでしょうか。結局はそれが自分の幸せであり、ひとに与えれば与えるほど、自分が得ることになるのです。

ということで、わたしはこの世で一番幸せな人間だと思っています。

ペマ・ギャルポ

アノニマ・スタジオは、
風や光のささやきに耳をすまし、
暮らしの中の小さな発見を大切にひろい集め、
日々ささやかなよろこびを見つける人と一緒に
本を作ってゆくスタジオです。
遠くに住む友人から届いた手紙のように、
何度も手にとって読みかえしたくなる本、
その本があるだけで、
自分の部屋があたたかく輝いて思えるような本を。

anonima st.

ブータンが教えてくれたこと

2013年7月23日　初版第1刷　発行

文・写真　かわしまようこ
発行人　前田哲次
編集人　谷口博文

発行所　アノニマ・スタジオ
〒111-0051
東京都台東区蔵前2-14-14 2F
Tel.03-6699-1064
Fax.03-6699-1070
http://www.anonima-studio.com
発売元　KTC中央出版
〒111-0051
東京都台東区蔵前2-14-14 2F

印刷・製本　株式会社シナノパブリッシングプレス

編集　渡辺由美子（アノニマ・スタジオ）
三谷葵
デザイン　峯崎ノリテル
正能幸介（(STUDIO)）

ISBN 978-4-87758-720-8 C0095

© 2013 Yoko Kawashima
printed in Japan

内容に関するお問い合わせ等は、
左記アノニマ・スタジオまでお願いします。
乱丁本・落丁本はお取替えいたします。
本書内容の複製・転写・放送・
データ配信などはかたくお断りいたします。
定価はカバーに表記してあります。